WEIN UND ESSEN

Reinhardt Hess

VORWORT

ZU *einem Essen den passenden Wein zu finden ist eigentlich ganz einfach. Wenn sich möglichst viele Aromen des Gerichtes im Wein wieder finden lassen, wird die Verbindung beider als harmonisch empfunden. Das scheint leicht nachvollziehbar, ist in der Praxis aber eher kompliziert.*

EIN *verlockendes Angebot im Supermarkt oder in der Weinabteilung, aber wie schmeckt dieser Wein, wozu lässt er sich gut trinken? Wer kann schon ohne weiteres den Inhalt einer Flasche, die im Weinregal steht, an Hand des Etiketts »erriechen« oder »erschmecken«. Hier bietet der Weinkompass Hilfe. Die wichtigsten Gebiets- und Rebsortenweine werden mit ihrem charakteristischen Aroma und Geschmack vorgestellt. Dazu finden Sie – neben allgemeinen Empfehlungen, welche Speisen dazu passen – ein spezielles Gericht, das optimal mit diesem Wein harmoniert.*

DAS *Rezept, das bei Gebietsweinen aus der gleichen Region wie der Wein stammt, ist so auf den Wein abgestimmt, dass sich beide optimal ergänzen. So haben Sie gleich zum Wein die Einkaufsliste für ein Gericht in der Tasche. Oder, wenn Sie im Register nachschlagen, den Hinweis, welcher Wein zu Ihrem geplanten Essen passt.*

NEBENBEI: *Auch ganz alltägliche Gerichte schmecken mit einem guten Wein noch einmal so gut.*

WAS FINDEN SIE WO?

Weine von A – Z

Vom Wein zum Essen

Gebrauchsanweisung

DIESER Weinkompass ist ganz einfach zu gebrauchen. Die Weine sind nach ihrer Farbe sortiert, zuerst kommen die Weißweine, dann die Roséweine und zuletzt die Rotweine. Innerhalb der Farbe sind die Weine nach der Rebsorte beziehungsweise nach dem Anbaugebiet sortiert. Das heißt: Steht eine Rebsorte auf dem Etikett (Riesling, Cabernet Sauvignon, Merlot), schauen Sie unter der entsprechenden Rebsorte nach. Bei Weinen aus bestimmten Anbaugebieten, vor allem aus Frankreich, Italien und Spanien, ist oft keine Rebsorte angegeben, dann suchen Sie unter dem entsprechenden Anbaugebiet (zum Beispiel Chianti oder Bordeaux).

ALLGEMEINE Weinempfehlungen zu Gerichten zu geben ist relativ einfach – fruchtiger Weißwein, leichter oder kräftiger Rotwein. Aber zu einem bestimmten Wein das genau passende Gericht zu finden ist erheblich schwerer. Mit diesem Weinkompass in der Tasche haben Sie beim Einkauf schon den Hinweis, wie ein bestimmter Wein aus dem Regal schmecken kann und auch, welches Gericht bzw. welche Arten von Gerichten am besten dazu passen. Und wenn Sie das Beispielrezept dazu kochen wollen, haben Sie auch gleich die Einkaufsliste zur Hand.

WENN Sie umgekehrt zu einem Essen einen Wein suchen, sehen Sie im Register der Hauptzutaten nach – und finden dann beim Nachschlagen zu wichtigen Zutaten die passenden Weine.

ES ist natürlich unmöglich, alle Weine, die im Supermarkt oder beim Discounter, in Weinabteilungen großer Kaufhäuser oder im Fachhandel, bei Weindepots oder

Tankstellen erhältlich sind, vorzustellen. Deshalb wurden vor allem Weine ausgewählt, die gut jeden Tag zum Essen passen und die (fast) alle für etwa fünf bis 25 Mark erhältlich sind.

Wie die Weine beschrieben sind

NEBEN dem Weinnamen ist ein Symbol für den typischen Duft dieses Weines angegeben. Damit können Sie schnell verschiedene Weine vergleichen, und es hilft Ihnen, zu einem Essen rasch den geeigneten Wein zu finden. Weißweine mit dem Duftsymbol »Apfel« sind zum Beispiel vorwiegend fruchtige, frische und aromatische Weine, die gut zu Fischen und Meeresfrüchten passen. Das Duftsymbol »schwarze Johannisbeeren« finden Sie dagegen bei kräftigen, gerbstoffbetonten Rotweinen, die gut zu dunklem Fleisch (Rind, Lamm oder Wild) passen.

DAS Preissymbol zeigt Ihnen, wie teuer etwa der Wein ist. Dabei bedeuten die Symbole:

€ : Preisklasse bis DM 10 (5 Euro)
€ € : bis DM 20 (10 Euro)
€ € € : über DM 20 (über 10 Euro)

MANCHE Weine, die Sie im Regal oder im Handel finden, können allerdings erheblich von diesen Richtwerten abweichen. Dann entsprechen sie mit großer Wahrscheinlichkeit nicht der Beschreibung, die für diesen Wein angegeben ist. Preiswertere Sorten sind fast immer dünner und schwächer, wesentlich teurere dagegen schwerer, voller und anspruchsvoller (siehe auch S. 14).

IN der ersten Rubrik direkt unter dem Namen des Weins wird der Wein kurz beschrieben, also ob es sich eher um einen schweren oder einen leichten Wein handelt, oder wofür er sich besonders gut eignet (Party- oder leichter Sommerwein).

UNTER »Region« finden Sie die nähere Herkunft des Weines, bei manchen Rebsortenweinen wie Cabernet Sauvignon kann das allerdings die halbe Welt sein – diese Rebsorte wird inzwischen nicht nur in Frankreich, sondern in praktisch allen Weinbauländern angepflanzt.

BEI den »Rebsorten« ist angegeben, ob es sich um eine Rebsorte oder um eine Mischung aus verschiedenen Traubensorten handelt. Sind die Rebsorten bei verschiedenen Weinen ähnlich, kann (muss aber nicht) der Geschmack ähnlich sein.

Die Serviertemperatur

SIE finden bei jedem Steckbrief eine Temperatur angegeben, mit der der Wein serviert werden sollte. Grundregel: Weißwein aus dem Kühlschrank servieren, Rotwein mit kühler Schlafzimmertemperatur (etwa 16°C), dabei kommen die Aromen stärker in den Vordergrund als bei zu warmen Weinen. Ausnahme sind fruchtige Rotweine, die nicht viel Tannine (Gerbstoffe) enthalten wie die Beaujolaisweine. Sie sollten leicht gekühlt serviert werden, entweder kurz vor dem Öffnen aus dem kühlen Keller holen oder zwei bis drei Stunden vorher in den Kühlschrank stellen – ideale Temperatur wäre 12°C.

Der Duft und der Geschmack

RECHT ausführlich ist bei jedem Wein eine Reihe von Düften angegeben, die beim Probieren zu entdecken sind. Das geschieht deshalb so ausführlich, weil ein

Großteil der Geschmackseindrücke durch das Zusammenspiel von Nase und Mund zu Stande kommt. Mit zugehaltener Nase werden Sie kaum unterscheiden können, ob Sie gerade Apfelsaft oder einen Weißwein trinken. Deshalb ist die Geschmacksangabe sozusagen nur die Ergänzung der Eindrücke, die die Nase vermittelt – ob ein Wein süß oder sauer, mineralisch oder herb schmeckt. (Siehe Schnupperkurs auf Seite 15)

Die passenden Gerichte

Unter der Rubrik »Gerichte« sind grundsätzliche Speisen aufgeführt, mit denen der jeweilige Wein gut harmoniert. Allerdings hängt es, neben den Grundzutaten, auch von der Zubereitungsart, den verwendeten Gewürzen und Kräutern ab, ob man den Wein in Kombination mit dem Essen als passend oder als unpassend empfindet. Deshalb folgt ein spezielles Rezept für diesen Wein, das nach Möglichkeit aus der Region stammt, aus der der Wein kommt. Lassen Sie sich einfach davon inspirieren, welche Zutaten verwendet werden und wie gewürzt wird, um andere Gerichte zu den jeweiligen Weinen zu finden. Das Register nach Zutaten am Ende des Buches wird Ihnen behilflich sein, wenn Sie zu einem bestimmten Gericht einen passenden Wein suchen.

Weine, die nicht aufgeführt sind

Markenweine mit Fantasienamen wie Viala, Akzente oder Bon Soir finden Sie nicht in diesem Kompass. Das sind zwar manchmal recht ordentliche Weine, aber durch den Verschnitt verschiedener Traubensorten und Herkünfte zu neutral, das heißt, sie passen zwar zu vielen verschiedenen Gerichten, aber zu keinem wirklich ideal.

Auch deutsche Großlagenweine (Becksteiner Tauberklinge, Mainzer Domherr) werden Sie vergeblich suchen, für sie lässt sich keine eindeutige Geschmacksrichtung angeben, das Spektrum reicht von süßlichen Tröpfchen bis zu trockenen Weinen, aber auch sie stellen fast immer einen undefinierbaren Verschnitt verschiedener Rebsorten dar.

EBENSO wurden Schaumweine und Sekte nicht berücksichtigt – sie sind ideal als Aperitif oder für Partys, zum Essen aber nur in Ausnahmefällen geeignet. Schließlich wurde auch auf die Weine aus Rebsorten, die nicht zum Essen passen, wie Huxelrebe, Optima und Ortega, verzichtet. Diese Neuzüchtungen sind früh reifende Traubensorten, die vorwiegend als süße Spätlesen oder Auslesen ausgebaut werden und sich nur als Dessertweine eignen. Das Kapitel Dessertweine ist andererseits so komplex, dass es einen eigenen Kompass bräuchte. Auch Traubensorten wie Morio-Muskat sind so intensiv in Geruch und Geschmack, dass sie ebenfalls schwer zum Essen zu kombinieren sind.

Weine am Etikett erkennen

WENN Sie die Etiketten der Weine anschauen, gibt es zwei Angaben, mit denen Sie den entsprechenden Wein in diesem Kompass finden können. Das eine ist die Rebsorte, das andere ist das Anbaugebiet.

REBSORTENWEINE: Eine oder zwei Rebsorten stehen auf dem Etikett. Solche Weine gibt es aus sehr vielen Weinbaugebieten, vor allem aus den Anbaugebieten der »Neuen Welt« (damit sind die Weine aus Kalifornien, Chile, Südafrika, Australien und Neuseeland gemeint). Nach einem erfolgreichen Vorbild, zum Beispiel den Weinen der Bourgogne, die aus Spätburgunder (Pinot

Noir) hergestellt werden, gibt es weltweit Weine aus der gleichen Rebsorte, die dem Vorbild ähnlich sind.

AUSNAHMEN sind sehr heiße Anbaugebiete (»hot climats«), bei denen die Weine voller, üppiger und kraftvoller geraten, und die ziemlich kühlen Gebiete (wie Deutschland), in denen die gleichen Trauben leichtere, fruchtigere (und manchmal etwas schwächliche) Weine ergeben.

GEBIETSWEINE (Appellations-Weine): Auf dem Etikett steht keine Rebsorte, sondern nur »Appellation« (Frankreich), »Denominacion« (Spanien) oder »Denominazione« (Italien) mit einem bestimmten Anbaugebiet (zum Beispiel Bordeaux). In diesen Gebieten sind die zulässigen Traubensorten, Anbau und die Weinherstellung festgelegt. Es gibt zwar qualitativ große Unterschiede zwischen den verschiedenen Erzeugern und oft auch den Jahrgängen, insgesamt ergibt sich aber ein bestimmter Weintyp, der mit etwas Übung zu erkennen ist.

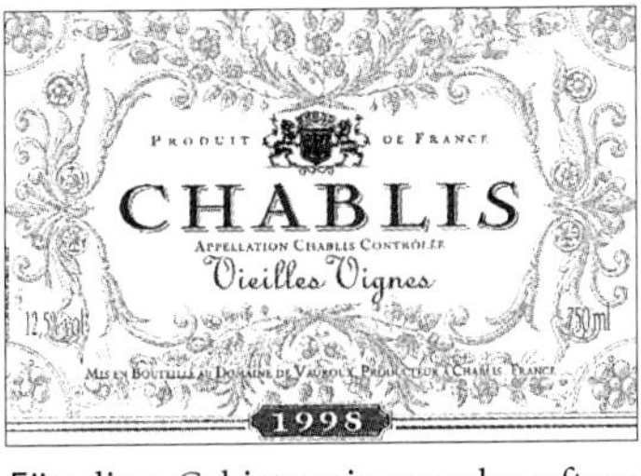

Links: Etikett eines Gebietsweines (Appellation). Chablis wird nur aus Chardonnaytrauben gekeltert.

FÜR diese Gebietsweine werden oft mehrere Rebsorten gemischt, um einen bestimmten Weintyp zu erhalten (in Frankreich heißt das »Cuvée« oder »Assemblage«). So werden zum Beispiel für die roten Bordeauxweine aus Frankreich zwei bis vier Traubensorten verwendet – Cabernet Sauvignon, Merlot, Cabernet Franc und Malbec oder Petit Verdon. Trotz der Unterschiede der einzel-

Rechts: Ein Rebsortenwein (Chardonnay) von der Hessischen Bergstraße.

nen Erzeuger haben sie eine ähnliche Geschmacksrichtung: kräftig und intensiv nach schwarzen Beeren, recht tanninbetont (wirkt im Mund zusammenziehend), Schokoladen- und Kaffeearomen. In Italien kann der beliebte Bardolino vom Gardasee aus den Traubensorten Corvina Veronese, Rondinella, Molinara und Negrara gemischt sein, er wird aber immer ein leichter Wein sein und sehr fruchtig nach Trauben schmecken.

Die wichtigsten Rebsorten

Weiße Trauben:

ARNEIS – aus dem Piemont, ergibt leichte, duftige, feine Weine.

ALIGOTÉ – wichtige Sorte im Burgund, wird auch in der Schweiz angebaut. Herbe Weine mit frischer Säure.

CHARDONNAY – Heimat ist das Burgund, inzwischen gedeiht die Rebe in fast allen Weinbauländern, auch in der »Neuen Welt«. Fast immer kräftige, gehaltvolle Weine, die zu den besten Weißweinen der Welt gehören.

GEWÜRZTRAMINER – kräftige, sehr aromatische Weine, die füllig und weich sind. Die besten kommen aus dem Elsass und Südtirol.

MÜLLER-THURGAU – verbreitetste weiße Rebsorte in Deutschland. Die Weine sind weich und »gefällig«, erreichen nur selten Klasse.

PINOT BLANC, PINOT BIANCO, WEISSBURGUNDER – recht neutrale Rebsorte, vor allem trockene, mittelkräftige Weine mit mäßiger Säure.
PINOT GRIGIO, PINOT GRIS, GRAUBURGUNDER – würzige, runde Weine, die eher füllig als aromatisch sind.
RIESLING – wird in Deutschland, Österreich und im Elsass angebaut, kann Spitzenweine und säuerliche Alltagsweine ergeben.
SAUVIGNON BLANC – sehr beliebte Traubensorte, die trockene, frische und knackig-pikante Weine ergibt.
SILVANER – neben Riesling beliebteste Rebsorte in Deutschland (auch Elsass, Südtirol, Schweiz), kann kräftige, saurefrische Weine liefern.

Rote Trauben:
BARBERA – vor allem in Italien angebaut, aber in aller Welt verbreitet. Die Traube kann sehr noble Weine hervorbringen, wenn sie ordentlich behandelt wird.
CABERNET SAUVIGNON – beste Rotweintraube, liefert charaktervolle, lange lagerfähige Weine.
DOLCETTO – vor allem in Italien (Piemont) beliebt, gehaltvolle Weine, die samtig-zart schmecken und relativ wenig Säure haben.
GAMAY – die Rebe des Beaujolais. Einfache, frische, sehr fruchtige Weine, die gekühlt serviert werden sollen.
GRENACHE, GARNACHA, CANNONAU – gehaltvolle Weine mit leichter Säure, die Rebe stammt aus Spanien, wird aber viel in Südfrankreich und Sardinien angebaut.
MERLOT – üppige, tiefdunkle Weine mit geringer Säure, aber vielfältigen Geschmackseindrücken. Zweitwichtigste Traube im Bordeauxgebiet.
MOURVÈDRE – farbkräftige, würzige Rotweine, vor allem aus Südfrankreich
NEBBIOLO – in Italien vor allem im Piemont, auch in der Lombardei angebaut, ergibt schwere, gerbstoffreiche und langlebige Weine.
PINOT NOIR, PINOT NERO, SPÄTBURGUNDER – reift auch

in kühleren Weinbaugebieten, ergibt meist vollmundige, reiche und komplexe Weine, wenn die Beeren ausreifen können.
SANGIOVESE – Heimat ist die Toskana, wichtige Rebsorte für die Chiantiweine und den Brunello di Montalcino. Weine mit kräftigen Aromen.
SYRAH, SHIRAZ – Heimat ist das Rhônetal, heute in Südfrankreich und Australien (als Shiraz) sehr beliebt. Kräftige, stramme und opulente Weine.
TEMPRANILLO – beste Rotweintraube Spaniens, ergibt eindrucksvolle, haltbare Weine mit großer Geschmacksfülle.
TROLLINGER, VERNATSCH, SCHIAVA – beliebte Rebsorte in Württemberg und Südtirol, ergibt eher leichte, süffige Schoppenweine.
ZINFANDEL, PRIMITIVO – die Rebsorte stammt ursprünglich aus Süditalien (wo sie Primitivo heißt), bekannter als Zinfandel, dem Kultwein aus Kalifornien. Ergibt üppige, schokoladige und volle Weine.

Die Rezepte: Region, Duft und Geschmack

IN Bordeaux stellt man keine Speisenfolge auf und fragt danach, welche Weine dazu passen könnten. Dort macht man es umgekehrt: Man schaut den Wein an und überlegt, mit welchen Gerichten er am besten zur Geltung gebracht werden kann. So entstand auch die Idee zu diesem Kompass.

WO Wein angebaut und täglich zum Essen getrunken wird, gehen die dortigen Gerichte meist auch gut mit dem Wein zusammen. Regionale Weine und Gerichte haben schließlich gemeinsame Grundlagen – die Menschen mit ihrer Arbeit, ihren Traditionen, den Böden, auf denen Reben und Gemüse gedeihen, das Klima, das Lebens-, Ess- und Trinkgewohnheiten bestimmt. Menschen,

Wein und Gerichte sind »zusammengewachsen« und bilden eine Einheit. In vielen Regionen bestimmt das Essen auch die Art, wie ein Wein an- und ausgebaut wird. Umgekehrt hat der dort wachsende Wein auch bestimmte Gerichte geprägt, z.B. diejenigen, die mit Wein zubereitet werden (Bœuf bourguignon) – dies ergibt die perfekte Einheit von Zubereitung und Wein. Andererseits werden heute die alten Gerichte nicht mehr so gekocht wie früher, sondern modernisiert, leichter gemacht. Und auch die Weine entsprechen nicht mehr dem alten Stil, sie sind heute leichter, frischer und früher trinkbar. Also ein wechselseitiger Prozess.

IN diesem Kompass finden Sie zu dem Wein aus einer bestimmten Region auch ein Gericht, das aus diesem Gebiet stammt und zu dem dort dieser Wein getrunken wird.

BEI Rebsortenweinen finden Sie dagegen ein Rezept aus einem der Anbaugebiete, das von Duft und Geschmack des Weintyps inspiriert ist. Zum Beispiel bei der Rebsorte Chardonnay: Die Weine haben bestimmte Aromen und Geschmacksnoten – sie riechen nach Honig und Nüssen, schmecken weich, buttrig. Chardonnays passen sehr gut zu weißem Spargel mit Butter, also finden Sie dabei ein Rezept mit weißem Spargel, Butter und Walnüssen. Dieses Gericht wird aber nur dann perfekt zu dem Wein schmecken, wenn der Chardonnay, den Sie eingekauft haben, dem Aromenmuster entspricht. Haben Sie dagegen einen dünnen und säuerlichen Chardonnay erwischt (was sich meist am niedrigen Preis erkennen lässt), so harmoniert dieser nicht mit Spargel.

WENN Sie umgekehrt zu einem Gericht den passenden Wein suchen, so sehen Sie im Register unter der Hauptzutat nach – dort finden Sie die Weine, die dazu passen würden (sofern übrige Zutaten, Zubereitung und Gewürze ähnlich sind).

Die Preise

WEINE, die billig sind und gut schmecken, sind kaum noch zu finden. Preiswerte Weine gibt es noch aus Italien (Südtirol, Abruzzen, Emilia-Romagna, Venetien, Umbrien), Frankreich (Rhône, Languedoc-Roussillon, Loire, Sud-Ouest), Spanien (Kastilien-Leon, Valdepeñas, Yecla), Griechenland und der Neuen Welt (Chile, Argentinien, Kalifornien, Südafrika), gute deutsche Weine sind kaum billig zu bekommen (am ehesten noch direkt vom Winzer). Die Preise bei den einzelnen Weinen geben einen mittleren Preis für ordentliche Qualitäten an. Finden Sie ein Angebot, das deutlich darunter liegt, hilft nur eins: eine Flasche kaufen und den Wein probieren. Wenn er gut ist, sofort mit einer größeren Menge davon eindecken, erfahrungsgemäß sind solche Weine sehr schnell ausverkauft. Bei höheren Preisen als angegeben können Sie (fast) immer sicher sein, dass es sich auch um qualitativ bessere Weine handelt.

Grundregeln für das Probieren

NOCH immer gilt die alte Regel, einen Wein nach seiner Farbe, seinem Duft und dem Geschmack zu beurteilen, und das in dieser Reihenfolge.

Die Farbe

HALTEN Sie zunächst den Wein gegen das Licht, dabei zeigt sich, ob er klar oder trübe ist. Wirkt ein Wein leicht matt und milchig, schmeckt er oft auch so. Die Farbe dagegen wird bei indirektem Licht über einer weißen Fläche (einem Blatt Papier) mit leicht schräg gehaltenem Glas beurteilt. Bei Weißweinen ist die Farbe umso heller und grünlicher, je früher die Trauben geerntet wurden (außer bei einigen Rebsorten, die von Natur aus sehr helle Weine ergeben). Je honigfarbener der Wein, desto kräftiger, voluminöser ist er meist. Bräunliche Töne können von überreifen Trauben, aber auch von einem Ausbau in großen Fässern herrühren. Solche Weine schmecken dann manchmal wie geschnittene, braun angelaufene Äpfel.

ROSÉWEINE sollten keine bräunlichen Töne aufweisen, andernfalls sind sie zu lange gelagert oder mit zu viel Luftkontakt ausgebaut, sie schmecken dann nicht frisch und fruchtig, sondern etwas müde.

BEI Rotweinen deuten leuchtende Kirschtöne auf junge, lebendige Weine hin. Ziegelfarbene (helleres Rot mit Orangetönen) oder bräunliche Töne haben reifere Weine.

ACHTEN Sie auch auf den hellen, durchsichtigen Rand, wenn Sie den Wein im Glas schräg halten – junge Weine haben einen schmalen Rand, ältere, gelagerte einen immer breiter werdenden Rand, weil die Farbstoffe im Wein großflockiger werden und sich leichter absetzen. Auch Weinbereitung, Filtration und vorherige Lagerung (auch der Transport) machen sich bei dem hellen Rand bemerkbar.

DER DUFT DES WEINES: KLEINER »SCHNUPPERKURS«

DASS auf den Duft der Weine so viel Wert gelegt wird, hängt damit zusammen, dass unser Geschmackssinn recht dürftig entwickelt ist, außer süß und salzig, sauer, scharf und bitter können wir nichts mit der Zunge unterscheiden. Alle anderen feinen Nuancen werden über den Geruchssinn aufgenommen, auch wenn wir das nicht bewusst wahrnehmen. Wenn wir finden, »dieser Wein schmeckt mir gut«, müssten wir eigentlich sagen: »Dieser Wein riecht mir gut«.

ZUR Praxis: die Gläser sollten sich nach oben etwas verengen, damit die Duftstoffe konzentriert werden. Nur ein bis zwei Finger breit Wein einfüllen, damit noch Platz zum Schwenken ist. Die Gläser weit unten am Stiel anfassen, sonst riechen Sie noch Ihre Hand mit. Damit beim Probieren möglichst viele Geruchsnerven angesprochen werden, wird am Wein geschnüffelt – also nicht nur Luft holen, sondern rasch hintereinander kurz und heftig ein- und ausatmen. Achten Sie dabei nicht nur auf die ersten Eindrücke, sondern auch auf die feinen Nuancen, die sich erst bei längerem Schnuppern erkennen lassen, aber zwischendurch das Glas von der Nase weghalten und frische Luft einatmen, damit die Geruchsnerven nicht ermüden. Dann das Glas kreisförmig schwenken, damit die Wandung benetzt wird. So werden zusätzliche Duftstoffe freigesetzt.

DASS Weine so verschieden riechen (und damit auch schmecken) können, hat sehr viele Ursachen. Zum einen hat jede Traubensorte spezielle Duftnoten, die sich mit etwas Übung unterscheiden lassen. So riecht Chardonnay nach Äpfeln, Banane oder Ananas, Cabernet Sauvignon duftet wie schwarze Johannisbeeren und Holunder, Merlot eher nach Kirschen, Himbeeren und Erdbeeren. Die Hauptduftnote ist deshalb bei den Weinen als Symbol vermerkt. Auch die Böden machen sich bemerkbar, manche Weine riechen mineralisch nach Lehm, Schiefer oder Kalk. Schließlich hat auch der Reifegrad, mit dem die Trauben geerntet werden, und die Verarbeitung vom Traubensaft zu Wein einen Einfluss auf die Aromenstoffe.

EINE gute Übung ist es, im Gewürzschrank an allen möglichen Gewürzen und Kräutern zu riechen, um das

Geruchsempfinden zu schulen und zu erweitern. Die meisten Düfte stammen aus der Natur, und die lassen sich nur nachempfinden, wenn man oft und bei verschiedenen Jahreszeiten draußen unterwegs ist. Wenn es z.B. beim portugiesischen Dão heißt, er rieche ganz zart nach »Kuh im Regen«, so müssten Sie natürlich wissen, was man in der Nase hat, wenn man auf einer Wiese mit Kühen bei Regen steht und diesen Geruch auch noch als angenehm empfindet. Solche Gerüche, die mit dem Tierreich verbunden sind, nennt man »animalisch«. Lassen Sie sich bei der Duftbeschreibung der Weine dadurch nicht abschrecken, gerade die sehr guten Weine haben immer einen zarten animalischen Duft wie alle guten Dinge – denken Sie an Rohmilchkäse oder an Trüffel. Auch bei einer Duftbeschreibung wie »Frühlingswiese« sollten Sie sich etwa vorstellen können, wie eine blühende Wiese im Frühjahr riecht.

Der Geschmack

Jetzt erst wird ein nicht zu kleiner Schluck (sonst verwässert der Speichel den Geschmack) des Weines in den Mund genommen. Langsam über die Zunge rollen lassen und studieren, welche Eindrücke er hinterlässt. Einmal Luft durch die Zähne ziehen, das zerstäubt den Wein, und es können mehr Partikel an den Geruchssinn geleitet werden. Dann kräftig kauen, dadurch entsteht ein Überdruck im Mund, die Duftstoffe werden in die Nase geleitet. So lässt sich leicht erkennen, ob ein Wein eher süß oder säuerlich schmeckt, ob er zart oder wuchtig ist, ob er viele Geschmacksnuancen zeigt oder ob er eher eindimensional schmeckt. Solche Weine sind »leicht zu durchschauen«, sie schmecken einfach nach Beeren oder Früchten, es fehlen ihnen die vielfältigen Eindrücke, die man von einem guten, interessanten Wein hat.

WEIL die Zunge vor allem an der Spitze die Eindrücke »süß« und »salzig«, weiter hinten »sauer« und »bitter« registriert, den Wein langsam von vorn nach hinten breit zerfließen lassen und auf die Aromen achten. Eine Besonderheit sind die »Tannine« oder Gerbstoffe. Sie sind in den Beerenhäuten, dem Fruchtfleisch und den Kernen vor allem der roten Trauben enthalten. Sind die Trauben bei der Lese noch nicht ausgereift oder werden die Kerne zu stark ausgepresst, so schmecken die Tannine herb und sauer, sie ziehen den Mund zusammen wie ein bekanntes blaues Gurgelmittel. Sind die Trauben dagegen reif, schmecken die Tannine weicher, feiner und eher wie dunkle Schokolade. Zusätzlich lässt sich der Tanningehalt durch den Ausbau in kleinen Eichenholzfässern, den »Barriques«, erhöhen. Die Tannine gehören zur Gruppe der Stoffe, die Phenole genannt werden und die sich positiv auf die Gesundheit auswirken. Schließlich ganz langsam schlucken. Der Nachgeschmack, der im hintersten Rachen verbleibt, nennt der Fachmann »Abgang«. Er kann »kurz« sein, das heißt, er hält nicht lange an. Oder »lang«, dann bleibt er eine geraume Zeit erhalten. Auch die Tannine machen sich noch einmal bemerkbar – entweder weich und geschmeidig oder rauh und den Gaumen austrocknend.

AUS beiden Sinneseindrücken – Geruch und Geschmack – lässt sich leicht die Verbindung zu den passenden Gerichten herstellen: Je mehr Aromen und Geschmackseindrücke im Wein und in den Speisen gemeinsam vorkommen, desto besser wird der Wein zum Essen harmonieren. Um beim Beispiel des Dão, der zart nach »Kuh im Regen« riecht, zu bleiben: Er passt sehr gut zu würzigem Fleisch, und da er auch eine pikante Note nach schwarzem Pfeffer hat, bestens zu kräftig gewürzten Schmorgerichten.

Wein und Käse

Wenn auch oft behauptet wird, Wein und Käse gingen eine besonders harmonische Verbindung ein, so stimmt das nur bedingt. Am ehesten lassen sich noch nicht zu saure Weißweine mit einem würzigen Käse wie Gruyère, Appenzeller, Emmentaler oder Bergkäse kombinieren. Aber Käse haben selbst ein so starkes Aroma, dass sie eher den Wein unterdrücken, außerdem haben sie durch ihren Fettgehalt die Eigenschaft, die Geschmacksnerven zu blockieren – vom Weingeschmack bleibt nicht viel übrig. Manche Weinverkäufer nutzen das bewusst aus und servieren einen fetten Käse bei der Weinprobe. Dann schmeckt auch ein eher dürftiger Wein noch recht ordentlich. Zu Ziegenkäse passt am besten ein Weißwein, der aus der gleichen Region wie der Käse stammt (Vorsicht mit trockenem Rotwein, er kann in dieser Kombination leicht unangenehm metallisch schmecken), ein pikanter Edelpilzkäse (Gorgonzola, Roquefort) harmoniert sehr gut mit einem fast süßen Wein wie Weißburgunder oder Gewürztraminer.

Und welcher Käse passt zu einem guten Rotwein? Eigentlich nur ein nicht zu fetter, recht geschmacksneutraler Käse wie Gouda. Aber keine Regel ohne Ausnahme – probieren Sie einfach, wie ein würziger Hartkäse wie Gruyère, Appenzeller oder auch ein Pecorino oder Parmesan zu einem weichen, samtigen Rotwein schmeckt, zum Beispiel zu einem Spätburgunder oder Dornfelder aus Deutschland, einem Beaujolais-Villages aus Frankreich, einem Pinotage aus Südafrika, Grenache aus Australien oder einem roten Graves aus dem Bordeauxgebiet (nicht geeignet sind Weine, die viel Cabernet Sauvignon enthalten).

Arneis (Italien)

€ €

Charaktervolle Weißweine aus einer alten, regionalen Rebsorte des Piemonts. Heute wird der Arneis um Alba wieder vermehrt angebaut und hat gute Chancen, ein »In-Wein« zu werden.

Region: Piemont (Langhe und Roero)
Rebsorte: Arneis
Serviertemp.: 10°C
Farbe: helles Gelb, leicht ins Grünliche spielend
Duft: verhalten blumig, nach Pfirsichen, Beeren und Honig
Geschmack: ausgeprägt und kräftig nach hellen Trauben, Kräutern (Minze), zum Schluss zarter Bittermandelton, voluminös, aber nicht wuchtig
Gerichte: leichte Vorspeisen, Fische und Meeresfrüchte, weiße Trüffeln

Bandnudeln mit Trüffeln (Tagliolini con tartuffo)

➤ ***Für 4 Personen:***
250 g Mehl • 50 g Hartweizen-Grieß • 2 Eier • Salz • 2 EL Olivenöl • Mehl zum Ausrollen • 100 g Butter • 1 weißer Trüffel (6–10 g) • schwarzer Pfeffer

➤ Für den Nudelteig Mehl mit Grieß mischen, Eier und 4 EL Wasser (für die Nudelmaschine nur 2 EL) dazurühren, 1 TL Salz und das Öl dazugeben und kurz durchkneten. In Folie wickeln und 20–30 Min. ruhen lassen. ➤ Den Teig auf wenig Mehl (oder mit der Nudelmaschine) dünn ausrollen und in sehr schmale Bandnudeln (etwa 2 mm breit) schneiden. ➤ Reichlich Wasser aufkochen, salzen und die Nudeln in 3–4 Min. bissfest kochen. ➤ Inzwischen die Butter zerlassen. Trüffel waschen und gründlich bürsten. ➤ Nudeln abgießen, kurz abtropfen lassen, dann mit der zerlassenen Butter vermischen und auf Teller verteilen. Mit Salz und Pfeffer würzen, den Trüffel mit einem Trüffelhobel (am besten am Tisch) hauchdünn über die Nudeln hobeln und sofort servieren.

Bianco di Custoza (Italien)

€	Frische, fruchtige Weißweine aus der Provinz Verona, angenehm und feinwürzig.
Region:	Venetien (Gardasee)
Rebsorten:	Garganega, Trebbiano Toscano, Tocai Friulano
Serviertemp.:	10°C
Farbe:	helles, zart ins Grünliche spielendes Gelb
Duft:	fruchtig, nach Zitronen, geschnittenen Äpfeln, Kräutern, frisch gemähter Wiese, Blüten
Geschmack:	leicht, säurebetont (aber nicht sauer), würzig, pikant, manchmal zart nach Gras und Äpfeln
Gerichte:	Vorspeisen (Antipasti), Gemüsegerichte, Eierspeisen, Meeresfrüchte, Fisch mit hellem Fleisch (Forellen, Seeteufel), Geflügel in heller Sauce

Kleine Tintenfische mit Artischocken
(Seppioline con cuori di carciofi)

➤ ***Für 4 Personen:***
1 kg ganz kleine Tintenfische (Seppioline) • 1 unbehandelte Zitrone • 4 Artischocken • 1 große Zwiebel • 3 EL Olivenöl • 1 TL frische Thymianblättchen • 250 ml Gemüsebrühe • Salz, schwarzer Pfeffer • 2 Knoblauchzehen • 1 EL Butter • 150 ml Weißwein

➤ Die Tintenfische in kochendem Wasser 1–2 Min. garen, in ein Sieb gießen und abtropfen lassen. ➤ Von der Zitrone etwa 1 TL Schale abraspeln, die Zitrone auspressen. Von den Artischocken die Blätter so weit abschneiden, dass nur noch die fleischigen Enden stehen bleiben. Artischocken längs vierteln und das Heu entfernen, die Viertel in Wasser mit etwas Zitronensaft legen. ➤ Die Zwiebel schälen und grob hacken. In einer Kasserolle 2 EL Olivenöl erhitzen und die Zwiebel bei mittlerer Hitze goldgelb braten. Artischockenviertel, Thymian, Zitronenschale und die Brühe dazugeben, salzen und pfeffern, zugedeckt bei schwacher Hitze 15–20 Min. garen. ➤ Die Knoblauchzehen schälen. Das restliche Öl mit der Butter erhitzen und die Tintenfischstücke 5–7 Min. unter Rühren anbräunen. Knoblauch dazupressen, den Wein angießen und fast einkochen lassen. Die Artischocken mit Zwiebel und Brühe dazugeben und noch 5 Min. erhitzen. Mit Zitronensaft, Salz und Pfeffer abschmecken und servieren.

Bianco Sicilia (Italien)

€	Frisch-fruchtige, blumige Weißweine mit feinem Mandelaroma aus alten Rebsorten. Auch als Corvo Duca di Salaparuta oder Bianco Alcamo zu finden.
Region:	Sizilien
Rebsorten:	Trebbiano, Catarratto, Damaschino u.a.
Serviertemp.:	8–10°C
Farbe:	strohgelb bis goldgelb
Duft:	dezent nach Mandeln, Blüten, Kräutern, Honig
Geschmack:	frisch, duftig, fruchtbetont, leicht herb bis weich und fast süß (trotzdem sehr trocken!), ideal für Weineinsteiger
Gerichte:	leichte Vorspeisen, Risotto, Eiergerichte (Omelett), Gerichte mit Fischen und Meeresfrüchten in heller Sauce (Weinsauce), helles Geflügel, Käse (Ziegenkäse)

Artischocken gratiniert
(Carciofi gratinati alla siciliana)

➤ ***Für 4 Personen als Vorspeise:***
4 große Artischocken • 1 Zitrone • Salz • 60 g Butter • 50 g frisch geriebene Semmelbrösel • 40 g frisch geriebener Parmesan

➤ Von den Artischocken die Stängel schälen, die Blätter so abschneiden, dass nur noch die fleischigen Enden stehen bleiben. Die Artischocken längs halbieren, innere Blätter und das »Heu« entfernen, die Schnittflächen mit Zitronensaft beträufeln. In Salzwasser mit Zitronensaft 20–25 Min. zugedeckt kochen. ➤ Den Backofen auf 220° vorheizen. Gut die Hälfte der Butter in einem Pfännchen zerlassen, die Semmelbrösel bei mittlerer Hitze unter Rühren in 5 Min. goldgelb braten, beiseite stellen. ➤ Die Artischocken abgießen und gut abtropfen lassen, mit den Schnittflächen nach oben in eine hitzefeste Form legen. Die abgekühlten Semmelbrösel mit Parmesan vermischen, auf die Artischocken verteilen, mit restlicher Butter in Flöckchen belegen. Im Ofen (Umluft 200°) in 10–15 Min. gratinieren, bis die Oberfläche leicht gebräunt ist. In der Form servieren oder sternförmig auf Tellern anrichten.

Bordeaux blanc (Frankreich)

€€	Frisch-fruchtige bis großartige Weine aus dem Bordeauxgebiet. Vorsicht, es gibt auch halbtrockene »demi-sec«!
Region:	südliches Bordeaux (Graves, Pessac-Léognan, Entre-Deux-Mers)
Rebsorten:	Sémillon, Sauvignon Blanc, Muscadelle
Serviertemp.:	10°C
Farbe:	helles Gelb bis Goldgelb
Duft:	aromatisch nach geschnittenem Gras, Kräutern, grünen Äpfeln, Grapefruit, Stachelbeeren, Gemüse
Geschmack:	fruchtig-frisch mit feiner, knuspriger bis zitroniger Säure. Billige schmecken nach Sauerampfer, teure sehr trocken, füllig und ausdrucksstark.
Gerichte:	Vorspeisen mit hellem Fleisch und Gemüse (Spargel, Fenchel), Sülzen, Fische und Meeresfrüchte (gebraten oder vom Grill), Geflügel, Kaninchen und Kalbfleisch mit hellen Wein- oder Kräutersaucen

Gemüsesülze (Légumes en gelée)

➤ ***Für 6 Personen als Vorspeise:***
250 g Möhren • 250 g Brokkoli • 4 Stangen Staudensellerie • 150 g dünne grüne Bohnen • Salz • 8 Blatt helle Gelatine • 200 ml Weißwein (Bordeaux blanc) • 400 g Gemüsefond • 3 EL Zitronensaft • 250 g Majonäse • je 1 TL fein gehackte Petersilie, Schnittlauch und Estragon

➤ Das Gemüse waschen, die Möhren schälen und längs vierteln. Brokkoliröschen ablösen, die Stängel schälen und längs in bleistiftdicke Streifen schneiden. Selleriestangen entfädeln und längs halbieren. Die Bohnen putzen. ➤ Wasser aufkochen, kräftig salzen und das Gemüse nacheinander in 10 Min. nicht zu weich kochen. Gemüse abschrecken, abtropfen lassen. ➤ Gelatine in kaltem Wasser einweichen, ausdrücken, im Weißwein erhitzen und auflösen, unter den Fond rühren. Kräftig mit Salz und 2 EL Zitronensaft abschmecken. Eine dünne Schicht Fond in eine Kastenform (ca. 25 cm) gießen und im Kühlschrank erstarren lassen. Gemüse in die Form füllen, mit Fond auffüllen und 6 Stunden kühl stellen. Die Sülze stürzen und in Scheiben schneiden. Die Majonäse mit übrigem Zitronensaft und Kräutern verrühren, dazu servieren.

Chablis (Frankreich)

€€	Trockene, frische Weine vom Petit Chablis bis Chablis Grand Cru. Leider ständig im Preis ansteigend. Einfache Qualitäten sind jung zu trinken.
Region:	nördliches Burgund (um die Stadt Chablis)
Rebsorte:	Chardonnay
Serviertemp.:	10°C
Farbe:	stroh- bis goldgelb mit grünlichem Schimmer
Duft:	verhalten nach Blüten, Pfirsichen, Mirabellen, Melonen und exotischen Früchten
Geschmack:	weites Spektrum von frisch, mineralisch und leicht bis üppig, buttrig, extraktreich und nachhaltig nach Honig und Ananas
Gerichte:	Meeresfrüchte, Austern, Fische mit hellem Fleisch, Schweine- oder Kalbsfilet in heller Sauce

Hecht in Sahne (Brochet à la crème)

➤ ***Für 4 Personen:***

1 kg Schwanzstück vom Hecht (ersatzweise Schellfisch oder Kabeljau) • Salz, weißer Pfeffer • 3 EL Zitronensaft • 150 g Schalotten • 250 ml Weißwein (Chablis o.a. Chardonnay) • 200 g Fischfond (Glas) • 2 EL Butter • 1 Eigelb • 50 g Crème fraîche

➤ Den Hecht innen und außen waschen. Innen mit Salz, Pfeffer und etwas Zitronensaft würzen. Den Backofen auf 200° vorheizen. ➤ Die Schalotten schälen und in feine Scheiben schneiden. Eine längliche, ofenfeste Form mit den Schalotten auslegen, den Fisch mit dem Rücken nach oben darauf setzen. Den Weißwein und den Fischfond angießen, salzen und pfeffern. Ein Stück Pergamentpapier mit Butter bestreichen und über den Rücken des Fisches legen. ➤ Den Fisch im Ofen (Mitte, Umluft 180°) in 25–30 Min. garen. Den Hecht vorsichtig aus der Form auf eine Platte heben, im abgeschalteten Ofen warm halten. ➤ Die Garflüssigkeit durch ein Sieb gießen und etwas einkochen. Das Eigelb mit der Crème fraîche verquirlen, ein wenig Kochsud unterrühren und die Mischung in den Sud rühren. Nur erhitzen, bis die Sauce bindet. ➤ Sauce abschmecken und über den Fisch gießen.

Chardonnay (Frankreich, Deutschland, Italien, Neue Welt)

€ €	Viele der besten Weißweine der Welt werden aus dieser Traubensorte gemacht. Heimat ist das Burgund. Die Trauben sollten reif, aber nicht zu spät geerntet werden, sonst sind die Weine zu weich und buttrig.
Region:	Frankreich (Burgund), Deutschland, Italien, Kalifornien, Australien, Südafrika
Rebsorte:	Chardonnay (in der Südsteiermark Morillon genannt)
Serviertemp.:	10°C
Farbe:	helles bis mittleres Goldgelb
Duft:	Äpfel, Bananen, Ananas, Minze, heller Honig, Nüsse, Toastbrot
Geschmack:	je nach Traubenreife fruchtig-säurebetont, pikant und knusprig oder weich, fett und nussig (wie Toast mit Butter und Honig)
Gerichte:	nicht zu säurereiche zu Gemüse mit Sahnesaucen, weißem Spargel, Melone mit Schinken, Fisch in Buttersauce, Nudeln mit Zitronensauce, Kalbfleisch, hellem Geflügel

Spargel mit Nussbutter und Schinken

➤ ***Für 4 Personen:***

2 kg frischer weißer Spargel • Salz, Zucker, Muskatnuss • 85 g Walnusskerne • 1 Knoblauchzehe • 125 g Butter • 100 ml Weißwein (Chardonnay) • 250 g gekochter Schinken in Scheiben

➤ Den Spargel waschen und die Stangen etwa 2 cm unterhalb des Kopfes beginnend zum Ende hin schälen. Eventuell holzige Enden abschneiden. Jeweils 500 g zu einem Bündel zusammenfassen und mit Küchengarn binden. In kochendem Salzwasser mit einer guten Prise Zucker und Muskat je nach Dicke 15–20 Min. kochen. ➤ Für die Nussbutter die Walnusskerne grob hacken, Knoblauch schälen. In einer Kasserolle die Butter erhitzen und die Walnusskerne darin braten, bis die Butter leicht gebräunt ist. Den Knoblauch dazupressen und den Weißwein aufgießen, kurz ziehen lassen. ➤ Die Spargelbündel aus dem Wasser heben, die Fäden entfernen und auf einer vorgewärmten Platte anrichten. Mit der Nussbutter übergießen, mit Schinkenröllchen umlegen und servieren. Dazu passen neue Kartoffeln.

Chasselas (Schweiz, Frankreich)

€ €	Eher vollmundige Weine mit weniger Säure, schöne gesellige Schoppenweine. Ihr Charakter wird vor allem vom Boden geprägt.
Region:	Westschweiz (Genf, Waadtland), Frankreich (Elsass, Savoyen)
Rebsorte:	Chasselas (Fendant im Wallis, Gutedel in Baden genannt)
Serviertemp.:	8–10°C
Farbe:	helles Gelb bis Strohgelb
Duft:	Zitrusfrüchte, Äpfel, Nüsse, Hefe und Blüten (ganz zart Lindenblüten oder Rosen)
Geschmack:	leicht und duftig bis erdig-mineralisch mit weichem Schmelz, nussig, junge mit feiner Kohlensäure, angenehme Bitternote, manchmal etwas hefig
Gerichte:	leichte Vorspeisen (mit Geflügel oder Fisch), Frikassee, Fisch und Meeresfrüchte in leichter Sauce, Käse (würzige Sorten wie Gruyère, Appenzeller), Käsegerichte wie Käsefondue oder Raclette

Schweizer Brot-Käseauflauf (Ramequin)

➤ ***Für 4 Personen:***
Fett für die Form • 300 g Weißbrot vom Vortag (eventuell Toastbrot) • 250 g Greyerzer Käse in dünnen Scheiben • 1/2 l Milch • 3 Eier • Salz, weißer Pfeffer • Muskatnuss

➤ Den Backofen auf 200° vorheizen. Eine flache, möglichst rechteckige Auflaufform ausfetten. Das Brot entrinden und in dünne Scheiben schneiden. Die Käsescheiben in Größe der Brotscheiben schneiden.

Jede Brotscheibe kurz in die Milch tauchen und abwechselnd mit einer Käsescheibe dachziegelartig so in die Form schichten, dass keine Brotecken herausragen. ➤ Die übrige Milch mit den Eiern verquirlen, mit Salz, Pfeffer und geriebener Muskatnuss würzen, gleichmäßig über den Auflauf träufeln. ➤ Die Form im heißen Ofen (Mitte, Umluft 180°) 30 Min. backen, bis die Oberfläche schön gebräunt und die Eiermilch gestockt ist. Heiß mit grünem Salat servieren.

Est! Est!! Est!!! di Montefiascone (Italien)

€ Ein Weißwein, dessen Ansehen durch Massenware gelitten hat. Doch es gibt einige Winzer, die ihn zu neuen Ehren bringen.

Region: Italien (Latium)
Rebsorten: Malvasia bianca, Trebbiano, Rosetto und weitere regionale Rebsorten
Serviertemp.: 8–10°C
Farbe: helles Strohgelb mit leicht grünlichen Reflexen
Duft: sehr dezent, weiße Trauben, Bluten, reifes Obst, Mandeln, Brotrinde
Geschmack: zart fruchtig, leicht nussig und etwas »grün« (fruchtige Säure), junge Weine zart prickelnd
Gerichte: Vorspeisen (mit Fisch, Meeresfrüchten), Fischgerichte, helles Fleisch (Geflügel, Kalbfleisch) in leichter Sauce (Wein- oder Buttersauce)

Kalbsschnitzelchen mit Salbei
(Saltimbocca alla romana)

➤ ***Für 4 Personen:***
8 kleine, dünne Kalbsschnitzelchen à 60 g • 4 ganz dünne Scheiben Parmaschinken • 8 frische große Salbeiblätter • 4 EL Butter • Salz, schwarzer Pfeffer • 150 ml trockener Weißwein (Est! Est!! Est!!!)

➤ Die Kalbsschnitzel mit der glatten Seite des Fleischklopfers flach klopfen. Die Schinkenscheiben halbieren. Auf jedes Schnitzelchen ein Salbeiblatt, darauf eine halbe Schinkenscheibe legen und mit der Hand fest andrücken (der Parmaschinken hält so auf dem Fleisch). ➤ In einer Pfanne die Hälfte der Butter erhitzen, bei mittlerer bis starker Hitze die Schnitzel pro Seite 2–3 Min. braten. Nur auf der unbelegten Seite salzen, auf beiden Seiten pfeffern. Aus der Pfanne heben, warm stellen. ➤ Den Bratensatz mit Weißwein ablöschen, kräftig aufkochen. Mit dem Schneebesen die restliche Butter in kleinen Flöckchen in die Sauce rühren, abschmecken. ➤ Die Schnitzel nochmals kurz in der Sauce erwärmen. Auf heiße Teller legen, mit der Sauce übergießen und sofort servieren. Dazu passen grüne Erbsen und Weißbrot.

Frascati Superiore (Italien)

€–€ €	Als »Secco« ein trockener, eher säurearmer Weißwein. Preiswertere sind leicht und unkompliziert, teurere weich und schmelzend.
Region:	Latium (bei Rom)
Rebsorten:	Malvasia, Trebbiano, Grecchetto u.a.
Serviertemp.:	10°C
Farbe:	hell, strohgelb, oft leicht moussierend
Duft:	zart Biskuit, Marzipan, Äpfel, Birnen, Haselnüsse, Akazienblüten
Geschmack:	frisch, fruchtig, mild, einfache Weine, manchmal mit leichtem Fasston und mäßig kräftig
Gerichte:	Antipasti (mit Gemüse, Kräutern, Olivenöl und Zitronensaft oder hellem Essig), Pasta mit Sahne, weißfleischiger Fisch und Meeresfrüchte mit Knoblauch in hellen Saucen, hellem Fleisch und Geflügel

Hähnchen auf Frascati-Art (Pollo al frascati)

➤ ***Für 4 Personen:***

1 frisches Hähnchen à 800 g • Salz, schwarzer Pfeffer • 4 EL Olivenöl • 300 ml trockener Weißwein (Frascati) • 1 Zwiebel • 3 Knoblauchzehen • 750 g Tomaten • 4 Sardellenfilets • 1 getrockneter Peperoncino (Chilischote) • 1 EL kleine Kapern • 10 grüne Oliven • 2 Zweige frische Minze

➤ Das Hähnchen waschen, trockentupfen und in 6 Portionsstücke zerteilen, salzen und pfeffern. 2 EL Olivenöl erhitzen, die Hähnchenteile rundum goldbraun anbraten. 200 ml Wein angießen, zugedeckt 30 Min. bei schwacher Hitze dünsten. ➤ Zwiebel und Knoblauch schälen, fein würfeln und in 2 EL Olivenöl sachte andünsten. Übrigen Wein dazugießen und zur Hälfte einkochen lassen. ➤ Die Tomaten kurz überbrühen, häuten und entkernen. Das Fruchtfleisch ohne Stielansätze würfeln. Die Sardellenfilets abspülen, zerschneiden und mit Tomaten, zerbröseltem Peperoncino, Kapern und Oliven zur Sauce geben, offen bei schwacher Hitze 20 Min. schmoren lassen. Die Minze waschen, Blätter abzupfen. ➤ Den Weinsud des Hähnchens bei starker Hitze auf 1/2 Tasse einkochen und unter die Sauce mischen, salzen und pfeffern. Die Minzeblätter dazugeben, die Sauce über das Geflügel gießen und servieren.

Gavi (Italien)

€ Dezenter, frisch-fruchtiger Weißwein, unkompliziert und ideal für ein Sommerfest. Jung zu trinken. Auch nach der Rebsorte als »Cortese di Gavi« oder, wenn er aus dem Gebiet um das Städtchen Gavi stammt, als »Gavi di Gavi« bezeichnet.

Region: Piemont (Provinz Alessandria)
Rebsorte: Cortese
Serviertemp.: 8–10°C
Farbe: helles Gelb bis Strohgelb, Stich ins Grünliche
Duft: zart, Zitrusfrüchte (Mandarinen), Äpfel, Ananas, Honig, Toast, Blüten, Rosen, grüne Blätter, Farn
Geschmack: mittelkräftig, dezent, feine Säure, frisch-fruchtig im Gaumen, Zitrus- und Nusstöne (Mandeln)
Gerichte: Antipasti (mit kaltem Fleisch, Wurst und Schinken), eingelegtes Gemüse, Fische und Meeresfrüchte (leichte Fischsuppen), Risotto

Risotto mit Champignons (Risotto con prataioli)

Für 4 Personen:

2 Schalotten • 1,2 l Hühnerbrühe • 4 EL Butter • 250 g Risotto-Reis (Arborio) • 150 g braune Champignons • 2 EL Olivenöl • 1 EL Zitronensaft • 1 EL gehackte Petersilie • Salz, schwarzer Pfeffer • 2 EL Sahne • 75 g frisch geriebener Parmesan

➤ Die Schalotten schälen und fein hacken. Die Brühe erhitzen. 2 EL Butter erhitzen, die Schalottenwürfel kurz andünsten. Den Reis einstreuen und kurz braten, bis die Reiskörner glasig aussehen. ➤ Etwas heiße Brühe aufgießen und unter öfterem Rühren 20–25 Min. leise kochen, dabei nach und nach weitere Brühe nachgießen, wenn der Reis die Flüssigkeit fast aufgenommen hat. ➤ Inzwischen die Champignons säubern und in Scheiben schneiden. Restliche Butter mit Olivenöl erhitzen und die Pilze 5 Min. braten. Mit Zitronensaft, Petersilie, Salz und Pfeffer würzen. ➤ Wenn der Reis bissfest gegart ist, die Sahne kräftig unterrühren, die Champignons und die Hälfte vom Käse untermischen, mit Salz und Pfeffer abschmecken, auf Teller verteilen. Den restlichen Käse extra dazu servieren.

Gewürztraminer (Deutschland, Südtirol, Elsass)

€	Aromatischer, würziger und fülliger Weißwein, deutsche und elsässische sind fülliger, Südtiroler leichter.
Region:	Deutschland (Pfalz, Baden), Südtirol (Eisacktal), Elsass, auch in der Steiermark zu finden
Rebsorte:	Gewürztraminer
Serviertemp.:	10°C
Farbe:	goldgelb
Duft:	intensiv nach Rosen, Zitrusfrüchten (Grapefruit), Gewürzen und exotischen Früchten (Litschis, Ananas), Lebkuchen, Honig
Geschmack:	aromatisch, charaktervoll, wirkt weich, selbst wenn er trocken ausgebaut ist
Gerichte:	kräftige, aromatische bis deftige Gerichte, Räucherlachs, Käse-Fondue, Braten, Gänseleber, »duftende« Käse wie Munster, Limburger

Zander-Frikassee mit Gewürztraminer

➤ ***Für 4 Personen:***

600 g Zanderfilets ohne Haut • Salz, weißer Pfeffer • 2 TL Zitronensaft • 2 Schalotten oder 1 kleine Zwiebel • 35 g Butter • 1 Lorbeerblatt • 1 kleiner Zweig Thymian • 3 cm unbehandelte Zitronenschale • 200 g Fischfond (Glas) • 150 ml trockener Gewürztraminer • 100 g Sahne • 1 EL Schnittlauchröllchen

➤ Die Zanderfilets in Stücke teilen, trockentupfen, salzen und pfeffern, mit Zitronensaft beträufeln. ➤ Schalotten schälen und fein würfeln, in 1/2 EL Butter hell andünsten. Lorbeer, Thymian und Zitronenschale dazugeben, Fond angießen und 5 Min. leise kochen lassen. Den Wein unterrühren und erhitzen. Die Zanderfilets darin zugedeckt bei schwacher Hitze 5 Min. dünsten. ➤ Fischfilet herausheben, zugedeckt beiseite stellen. Fischsud durch ein feines Sieb gießen und offen bei starker Hitze um die Hälfte einkochen. Sahne dazugießen, restliche Butter in kleinen Stücken einschlagen, die Sauce mit Salz und Pfeffer würzen (jetzt nicht mehr kochen). ➤ Die Fischstücke vorsichtig unter die Sauce mischen und erwärmen. Mit Schnittlauch bestreut servieren.

Grauburgunder (Deutschland)

€ Steht auf der Flasche »Grauburgunder« oder »Grauer Burgunder«, so sind die Weine (oft) trocken ausgebaut. Steht aber »Ruländer« darauf, handelt es sich meist um einen schwereren, süßen Wein (obwohl es sich um die gleiche Rebsorte handelt).

Region: Baden, Pfalz, Rheinhessen, Hessische Bergstraße, Franken
Rebsorte: Grauer Burgunder (Ruländer) – s.a. Pinot Grigio
Serviertemp.: 10°C
Farbe: hellgelb bis strohgelb, oft leichte Grüntöne
Duft: dezent nach Nüssen, Honig, Butter, frischer Wiese, manchmal Zitrus
Geschmack: frisch, fruchtig, füllig, feine bis deftige Säure, ein bisschen nach Birnen- und Ananassaft
Gerichte: sehr gut zu Spargel mit Sauce Hollandaise, hellem Gemüse, Fisch und Meeresfrüchten (Hummer), Geflügel und hellem Fleisch

Forellen aus der Folie mit Mandelbutter

➤ ***Für 4 Personen:***

4 Forellen à 250 g • Salz, weißer Pfeffer • 1 EL Zitronensaft • 2 Lauchzwiebeln • 1 Stange Staudensellerie • 75 g Butter • 75 g Mandelblättchen

➤ Die Forellen waschen, innen und außen salzen und pfeffern, mit Zitronensaft beträufeln. ➤ Den Backofen auf 200° vorheizen. Lauchzwiebeln und Sellerie waschen, putzen und in feine Scheibchen schneiden. ➤ Große Stücke Alufolie mit etwas Butter bestreichen, die Forellen darauf legen und mit dem Gemüse bestreuen, jeweils ein kleines Butterflöckchen darauf legen und die Folien verschließen. Im Ofen (Mitte, Umluft 180°) in 25 Min. garen. ➤ Die übrige Butter in einem Pfännchen zerlassen und die Mandelblättchen hellbraun rösten. ➤ Die gegarten Forellen auf Teller verteilen und mit der heißen Mandelbutter übergießen. Dazu Salzkartoffeln servieren.

Grüner Veltliner (Österreich)

€	Frische, ordentliche Schoppenweine, aber auch sehr feine Spätlesen, die Rieslingen nicht nachstehen. Als »Heuriger« (junger Wein) in den Wiener Beisln sehr beliebt.
Region:	Wien, Wachau, Kamptal, Kremstal
Rebsorte:	Grüner Veltliner
Serviertemp.:	8–10°C
Farbe:	stroh- bis goldgelb mit grünlichen Tönen
Duft:	weiße Trauben, Rosinen, Honig, schwarzer Pfeffer, Gräser und Blüten (Kamille)
Geschmack:	frisch, fruchtig, leicht prickelnd, pikant-pfeffrig, säurebetont (aber nicht sauer)
Gerichte:	vielseitiger Wein, passt ebenso zu Aufschnitt und kaltem Geflügel wie zu Wiener Schnitzel und Backhendl, zu hellem Fleisch, Fisch und Meeresfrüchten in leichten Saucen, Eierspeisen bis zum Kaiserschmarrn

Warmes Schulterscherzel

➤ ***Für 4 Personen:***

1 kg Schulterscherzel (Schulterspitz, Schulternaht) • 500 g Rinderknochen • 1 Möhre • 1 Petersilienwurzel • 1 Zwiebel • 2 Nelken • 1 Lorbeerblatt • 1 kleiner Zweig Liebstöckel • 1 EL schwarze Pfefferkörner • Salz • 2 säuerliche Äpfel (Boskop) • 1 EL Zitronensaft • 2–3 EL frisch geriebener Meerrettich • 1 EL Schnittlauchröllchen

➤ Fleisch und Knochen abspülen. Möhre und Petersilienwurzel schälen und in Stücke schneiden. Die Zwiebel schälen, mit Nelken und Lorbeerblatt spicken. Etwa 1 1/2 l Wasser mit den Knochen aufkochen, das Fleisch einlegen und einmal aufwallen lassen. Den Schaum abschöpfen, das Gemüse, gespickte Zwiebel, Liebstöckelzweig und Pfefferkörner dazugeben, salzen und bei ganz schwacher Hitze zugedeckt 2 Std. ziehen lassen. ➤ Für den Apfelkren die Äpfel schälen und fein reiben, sofort mit Zitronensaft vermischen, leicht salzen und den Meerrettich (Kren) unterheben. ➤ Das Fleisch in Scheiben geschnitten anrichten, mit Brühe übergießen und mit Schnittlauch bestreuen. Apfelkren extra dazu servieren.

Jurançon sec (Frankreich)

€	Frische, mittelkräftige, trockene Weißweine (aufpassen, es gibt auch süße Jurançonweine!) aus seltenen Traubensorten. Jung trinken!
Region:	äußerster Südwesten (bei Pau)
Rebsorten:	Manseng (Petit und Gros), Courbu und andere
Serviertemp.:	10°C
Farbe:	helles Honiggelb
Duft:	weiße Pfirsiche, weiße Blüten (Holunderblüten), Honig, manche ganz zart nach Toast
Geschmack:	frisch, lebendig, dezent aromatisch, schön säurebetont, aber nicht sauer
Gerichte:	helles Gemüse (Spargel, Blumenkohl), Fisch, Meeresfrüchte und helles Fleisch (Kalb, Geflügel) in Sahnesauce

Hähnchen mit Champignonsahne
(Poulet aux champignons à la crème)

➤ ***Für 4 Personen:***

1 großes Brathähnchen à 1 kg • Salz, weißer Pfeffer • 1–2 EL Mehl • 1 EL Pflanzenöl • 4 EL Butter • 150 ml trockener Weißwein (Jurançon sec) • 200 g kleine Champignons • 1 EL Zitronensaft • 2 Schalotten • 1 Knoblauchzehe • 100 g Crème double • 1 EL gehackte Petersilie

➤ Das Hähnchen waschen, trockentupfen und in 4 Teile zerlegen. Salzen, pfeffern und dünn mit Mehl bestäuben. Das Öl mit der Hälfte der Butter erhitzen und die Hähnchenstücke rundum bei mittlerer Hitze goldbraun anbraten. Den Weißwein angießen. Zugedeckt bei schwacher Hitze 30 Min. köcheln lassen. ➤ Die Champignons putzen und in dünne Scheiben schneiden, mit Zitronensaft beträufeln. Schalotten und Knoblauch schälen, sehr fein würfeln. Die restliche Butter zerlassen und die Schalotten hell andünsten. Die Champignons dazugeben und braten, bis die Flüssigkeit verdampft ist, ohne dass die Pilze braunen. Die Crème double unterrühren und mit Salz und Pfeffer würzen, die Sauce warm halten. ➤ Hähnchen mit der Sahnesauce übergießen und mit Petersilie bestreut servieren.

Kerner (Deutschland)

€	Der Kerner ist eine Neuzüchtung aus Trollinger und Riesling, kann recht hübsche bis sehr schöne Weine ergeben.
Region:	Baden, Pfalz, Rheinhessen, Mosel, Württemberg, Saale-Unstrut u.a.
Rebsorte:	Kerner
Serviertemp.:	10°C
Farbe:	sehr helles Gelb bis Strohgelb
Duft:	verhalten nach frischen weißen Trauben, Kräutern, Wiese
Geschmack:	mittelkräftig, fruchtig-frisch, weniger aromatisch. Gute, trockene Kerner haben eine kräftige Säure, die an Riesling erinnert.
Gerichte:	Fisch, Meeresfrüchte (auch Austern), Gemüse und Nudeln mit heller Sauce, helles Fleisch (Kalbfleisch, Geflügel)

Blumenkohl mit Eierbutter

➤ ***Für 4 Personen:***

4 Eier • 1 großer Blumenkohl • Salz • 1/2 Bund glatte Petersilie • 2 Knoblauchzehen • 100 g Butter • 5 EL trockener Weißwein (Kerner) • weißer Pfeffer • 200 g gekochter Schinken in Scheiben

➤ Die Eier in 8 Min. hart kochen, abschrecken und abkühlen lassen. Den Blumenkohl waschen, putzen und in große Röschen zerteilen. In 1/2 l Salzwasser in 12–15 Min. bissfest kochen. ➤ Die Petersilie waschen, die Blättchen hacken. Den Knoblauch schälen und in kleine Würfel schneiden. Die Eier pellen und grob hacken. Die Butter in einer Pfanne zerlassen und den Knoblauch goldgelb braten. Die Petersilie dazugeben und ganz kurz andünsten, den Wein angießen, etwas salzen und pfeffern. ➤ Die Blumenkohlröschen abtropfen lassen, auf einer Platte mit Schinkenröllchen anrichten und mit den gehackten Eiern bestreuen. Die heiße Knoblauch-Petersilienbutter darüber gießen und gleich servieren. Dazu passen kleine Pellkartoffeln.

MÜLLER-THURGAU (DEUTSCHLAND, ITALIEN, SCHWEIZ)

€	Frisch-fruchtiger, unkomplizierter Wein für Einsteiger und Säureempfindliche
Region:	alle deutschen Weinbaugebiete, Schweiz und Norditalien
Rebsorte:	Müller-Thurgau (in Baden »Rivaner« genannt)
Serviertemp.:	8–10°C
Farbe:	sehr helles Gelb
Duft:	zart, verhalten bis würzig und blumig je nach Herkunft, oft deutlich nach Muskatnuss, Ananas, Melonen, Kräutern und Farn
Geschmack:	sehr unterschiedlich je nach Region und Ausbau. Trockene Müller-Thurgau aus kühleren Regionen können kräftig, erdig mit knackiger Säure sein und »grünlich-frisch« schmecken. Die milderen, blumigen Sorten sind eher Partyweine.
Gerichte:	Brotzeit mit Wurst, Gemüse in heller Sauce, Eierspeisen, Fisch mit hellem Fleisch, Geflügel

Kalbsschnitzel mit Kräuterbutter und Frühlingsgemüse

➤ ***Für 4 Personen:***

300 g weißer Spargel • 200 g Möhren • 4 Lauchzwiebeln • 400 g Blumenkohlröschen • 200 g frische oder tiefgekühlte Erbsen, • Salz • 4 Kalbsschnitzel • Pfeffer • 1 EL Mehl • 4 EL Butter • 250 ml trockener Weißwein • 2 EL gehackter Kerbel • 4 Scheiben Kräuterbutter

➤ Das Gemüse waschen und putzen, Spargel und Möhren schälen. Spargel, Möhren und Lauchzwiebeln schräg in 2 cm große Stücke schneiden. Gemüse 15 Min. in Salzwasser kochen. ➤ Die Schnitzel salzen und pfeffern, dünn mit Mehl bestäuben. In 2 EL Butter scharf anbraten, die Hitze reduzieren und in 3–4 Min. pro Seite fertig braten, aus der Pfanne heben. Den Bratfond mit Weißwein ablöschen, auf die Hälfte einkochen, mit Salz und Pfeffer abschmecken. Die Schnitzel wieder in die Sauce legen. Die Schnitzel salzen und pfeffern, dünn mit Mehl bestäuben. ➤ Das Gemüse abgießen und in der restlichen Butter schwenken, mit Kerbel bestreuen, salzen und pfeffern. Die Schnitzel mit Kräuterbutter belegen und mit Gemüse servieren.

Muscadet Sèvre-et-Maine (Frankreich)

WEISSWEIN

€	Spritziger, fruchtiger, säurebetonter Weißwein, jung trinken! Idealer Sommerwein
Region:	Loiretal, besonders um die Stadt Nantes
Rebsorte:	Muscadet (Melon de Bourgogne)
Serviertemp.:	8–10°C
Farbe:	helles Gelb mit grünlichen Reflexen, deutlich perlend
Duft:	frisch, duftig, nach Sommer-Äpfeln, zart nach Hefe
Geschmack:	frisch, leicht prickelnd – besonders wenn er »sur lie«, auf der Hefe ausgebaut ist. Dabei bleibt der Wein bis zum Abfüllen auf Flaschen auf seiner Hefe liegen. Das ergibt einen zarten Salzgeschmack.
Gerichte:	als Aperitif, zu Fisch, Meeresfrüchten, Muscheln, Austern, gemischten Salaten mit Vinaigrette

Jakobsmuscheln bretonische Art
(Coquilles Saint-Jacques à la bretonne)

➤ ***Vorspeise für 4 Personen:***

250 g Jakobsmuschelfleisch (TK), möglichst Nüsse und Corail • 4 EL helle Semmelbrösel (frisch aus der Krume gerieben) • 200 ml Weißwein (Muscadet) • Salz, weißer Pfeffer • 2 Schalotten • 4 EL Butter • 2 EL Crème double • 1 EL gehackte Petersilie

➤ Die Jakobsmuscheln in ein Sieb geben und auftauen lassen. ➤ 2 EL Semmelbrösel mit dem Weißwein vermischen und quellen lassen. Jakobsmuscheln kurz abspülen, die »Nüsse« (weiße Muskelstücke) quer halbieren, den »Corail« (roten Rogensack) ganz lassen, alles mit Küchenpapier trockentupfen. Leicht salzen und pfeffern. Schalotten schälen und fein hacken. ➤ Den Backofen auf 225° vorheizen. 2 EL Butter zerlassen, bei mittlerer Hitze die Muschelnüsse auf jeder Seite 1 Min. braten, aus der Pfanne heben. Im verbliebenen Fett die Schalottenwürfel hellgelb dünsten. Weinbrösel dazugeben, bei schwacher Hitze 10 Min. ziehen lassen. ➤ Die Sauce mit Crème double und Petersilie verrühren, salzen und pfeffern. Jakobsmuscheln auf Gratinierförmchen verteilen, mit Sauce übergießen. Restliche Brösel darüber streuen, die übrige Butter in kleinen Flöckchen darauf verteilen. Im Ofen (oben, Umluft 200°) in 10–15 Min. gratinieren, bis die Brösel gebräunt sind. Mit Weißbrot servieren.

Nuragus di Cagliari (Italien)

€ Jung zu trinkender, frischer und lebendiger, unkomplizierter Wein für jeden Tag

Region: Sardinien
Rebsorte: Nuragus (regionale Rebsorte) u.a.
Serviertemp.: 8–10°C
Farbe: zart strohgelb mit grünlichen Reflexen
Duft: angenehm frisch, zart nach Äpfeln
Geschmack: erfrischend knusprig, trocken, voll, harmonisch mit leicht bitterem Nachgeschmack
Gerichte: als Aperitif, zu Antipasti und allen leichten Gerichten mit Fisch, Meeresfrüchten und Gemüse

Oktopussalat mit Radicchio
(Insalata di polipo e radicchio)

➤ ***Vorspeise für 4 Personen:***
500 g Oktopus (Krake), küchenfertig • 200 ml Weißwein • 2 TL grobes Meersalz • 4 EL Weißweinessig • Salz, weißer Pfeffer • 5 EL Olivenöl • 1 kleiner Radicchio (175 g)

➤ Den Oktopus waschen, die harten Beißwerkzeuge an der Kopfunterseite entfernen. Gut 3/4 l Wasser mit dem Weißwein und Meersalz aufkochen. Den Oktopus ins Wasser legen und zugedeckt bei kleinster Hitze 45 Min. ziehen lassen. Den Topf vom Herd nehmen und den Oktopus 30 Min. im Sud abkühlen lassen. Auf einem Sieb abtropfen lassen. Unter fließendem Wasser die dunkle Haut abrubbeln. Den Kopf entfernen, die Fangarme und den Körper trocknen und in 1 cm breite Stücke schneiden. Die Stücke in eine Schüssel füllen und mit Essig, Salz, Pfeffer und Olivenöl vermischen. ➤ Den Radicchio waschen, längs vierteln und in feine Streifen schneiden. Rasch unter den Oktopussalat heben, abschmecken und lauwarm mit frischem Weißbrot servieren.

Orvieto (Italien)

€	Fruchtiger, trockener Weißwein. Früher ein einfacher Pizzeria-Wein, jetzt sind zunehmend bessere Qualitäten zu finden, vor allem beim »Classico«, der aus der Umgebung der Stadt Orvieto stammt.
Region:	Umbrien
Rebsorten:	Procanico (Trebbiano Toscano), Verdello, Grechetto u.a.
Serviertemp.:	10°C
Farbe:	strohgelb
Duft:	zart nach Trauben, geschälten Äpfeln, Birnen, Zitrusfrüchten, Ananas
Geschmack:	mittelkräftig, fruchtig, zurückhaltend, angenehme Säure (wie Äpfel). Guter Orvieto schmeckt nach reifen Trauben und ist zart bitter im hinteren Gaumen.
Gerichte:	Antipasti (mariniertes Gemüse, Wurst, Schinken oder Meeresfrüchte), Salate, Eierspeisen (Rührei, Frittata, Crespelle), Pasta mit hellen Saucen, Fisch mit hellem Fleisch, Kalbfleisch (mit heller Sauce)

Brotsalat aus Umbrien (Panzanella umbra)

➤ ***Für 4 Personen:***

150 g toskanisches Weißbrot oder Ciabatta vom Vortag • 1 kleine Gärtner-Gurke • 3 Stangen Staudensellerie • 350 g reife, aber schnittfeste Tomaten • 2 weiße Zwiebeln • 3 EL Weißweinessig • Salz, schwarzer Pfeffer • 5 EL Olivenöl • 2 Bund Basilikum • 3 EL eingelegte Kapern

➤ Backofen auf 220° vorheizen. Weißbrot entrinden und in 1 cm große Würfel schneiden. Auf einem Backblech in 5–7 Min. im Ofen (Mitte, Umluft 200°) hellgelb rösten. Abkühlen lassen. ➤ Die Gurke schälen, längs halbieren, entkernen und wie das Brot würfeln. Staudensellerie entfädeln und in dünne Scheibchen schneiden. Die Tomaten waschen und ohne die Stielansätze würfeln. ➤ Die Zwiebeln schälen und in Streifen schneiden. Gemüse mit den Brotwürfeln in einer Schüssel vermischen. Essig mit Salz, Pfeffer und Olivenöl verquirlen, über den Salat gießen. ➤ Basilikumblättchen abzupfen, einige Blättchen zum Garnieren aufheben, die übrigen grob hacken. Die Kapern grob hacken, mit gehacktem Basilikum unter den Salat mischen, mit Basilikumblättchen garniert servieren.

Pinot Bianco, Pinot Blanc (Italien, Frankreich)

€	Umkomplizierter, milder Wein, frisch und fruchtig. Sommerwein, ideal für Einsteiger. Jung trinken!
Region:	Italien: Südtirol bis Sizilien, Frankreich: Elsass und Nordfrankreich
Rebsorte:	Pinot Bianco = Pinot Blanc (Weißburgunder)
Serviertemp.:	8°C
Farbe:	gelb mit grünlichen Tönen bis strohgelb
Duft:	zart bis aromatisch nach Früchten, grünen bis reifen Äpfeln (gute riechen nach Cox Orange), grünen Paprikaschoten, Melonen, Zitrusfrüchten, Karamell
Geschmack:	vollmundig, mittelkräftig mit milder Säure, die (bei Weinen aus kühleren Gebieten) an grüne Äpfel erinnert. Besonders interessante Weißburgunder findet man im Friaul und Elsass.
Gerichte:	Vorspeisen mit Fisch, Meeresfrüchten oder Geflügel, marinierte Gemüse, Pasta mit leichten Saucen, Eierspeisen, weißfleischiger Fisch (gedünstet)

Eierkuchen mit Zucchini (Frittata alla sardegnola)

➤ ***Für 4 Personen:***

250 g kleine Zucchini • 1 Frühlingszwiebel • 2 Knoblauchzehen • 2 Scheiben altbackenes Weißbrot • 5 EL Olivenöl • 6 Eier • Salz, schwarzer Pfeffer

➤ Zucchini waschen und putzen, in kleine Würfel schneiden. Zwiebel mit Grün hacken. Knoblauch schälen. Das Brot würfeln. ➤ In einer Pfanne 3 EL Olivenöl erhitzen, die Brotwürfel rundum anrösten, den Knoblauch dazupressen. Brotwürfel herausheben, die Zwiebel- und Zucchiniwürfel im verbliebenen Öl 5 Min. braten, ab und zu umrühren. Pfanne vom Herd nehmen, Zucchini etwas abkühlen lassen. ➤ Die Eier in einer Schüssel leicht verschlagen. Gemüse und Brot untermischen, mit Salz und Pfeffer würzen. ➤ In der Pfanne 1 EL Öl erhitzen, die Eiermasse hineingießen und bei stärkerer Hitze goldbraun braten. Mit Hilfe eines Tellers wenden, dabei das übrige Öl in die Pfanne geben. Die Frittata auch auf dieser Seite goldbraun braten. Warm servieren.

Pinot Grigio (Italien)

€	Runder, säurebetonter Weißwein, lange Zeit der italienische Modewein bei uns. Große Qualitätsunterschiede von mager über füllig bis breit und fett. Sollte jung getrunken werden.
Region:	Venetien (Piave), Lombardei, Südtirol, Oltrepò Pavese, Trentino u.a.
Rebsorte:	Pinot Grigio (Grauburgunder, s.a. dort)
Serviertemp.:	10°C
Farbe:	helles Gelb, Stich ins Grünliche
Duft:	zart, verhalten nach weißen Blüten, frischen Kräutern, Birnen, Nüssen, Honig
Geschmack:	guter Pinot Grigio mild-pikant, zart säurebetont, delikat und fruchtig, ein junger prickelnd-frisch
Gerichte:	Gemüse in leichter Sauce (mit Sahne), Suppen (Minestrone), Eierspeisen (Pfannkuchen, Crespelle), Fisch, Meeresfrüchte, Kalbfleisch und Geflügel

Hähnchen auf Jägerart (Pollo alla cacciatora)

➤ ***Für 4 Personen:***

1 großes Hähnchen à 1,2 kg • Salz, schwarzer Pfeffer • 4 EL Olivenöl • 200 ml trockener Weißwein • 350 g reife Tomaten • 2 Knoblauchzehen • 1 TL geriebene Zitronenschale • je 1/2 TL getrockneter Rosmarin und Salbei • 12 schwarze Oliven (trocken eingelegte) • 2 EL Kapern • 1 EL gehackte Petersilie

➤ Das Hähnchen waschen, in 8 Stücke zerteilen und mit Küchenpapier trockentupfen, salzen und pfeffern. Das Öl erhitzen, die Hähnchenstücke bei mittlerer Hitze rundum anbraten. Den Weißwein angießen und etwas einkochen lassen. ➤ Stielansätze der Tomaten entfernen. Die Tomaten kurz überbrühen, häuten, quer halbieren und entkernen. Das Fruchtfleisch würfeln. Den Knoblauch schälen und in Scheiben schneiden. Beides mit Zitronenschale, Rosmarin und Salbei zum Hähnchen geben, Oliven und Kapern unterrühren. Salzen, pfeffern und zugedeckt bei mittlerer Hitze 30 Min. schmoren lassen. Mit gehackter Petersilie bestreut servieren.

Pouilly-Fuissé (Frankreich)

€ € € Gilt als bester Weißwein des Mâconnais, kräftig, füllig und nussig. Sollte mindestens 3 Jahre alt sein. Nicht verwechseln mit dem Pouilly-Fumé!

Region: Burgund, Mâconnais
Rebsorte: Chardonnay
Serviertemp.: 10°C
Farbe: helles Honiggelb
Duft: zart fruchtig nach gelben Äpfeln (Golden Delicious), reifen Stachelbeeren, Frühlingswiese, Honig, exotischen Früchten, Biskuit, Butter und Brioche, Anis
Geschmack: trocken, vielschichtig, mit fruchtiger Säure, nussbuttrig wie feines Hefegebäck
Gerichte: Fisch, Meeresfrüchte, helles Fleisch, weißes Gemüse (Spargel!) mit Butter, Kräutersaucen (mit Estragon, Kerbel); Käse (fetter Ziegenkäse)

Schweinefleisch auf Hausfrauenart
(Poitrine de porc ménagère)

➤ ***Für 4 Personen:***

750 g durchwachsenes Schweinefleisch (Brustspitze oder Nacken) • 1 Zwiebel • 250 ml trockener Weißwein • 5 Pimentkörner • 3 Nelken • 1 TL gehackte Estragonblättchen • 750 g Kartoffeln • 3–4 EL Butterschmalz • Salz, schwarzer Pfeffer • 2 EL gehackte Petersilie

➤ Das Fleisch in Scheiben schneiden. Die Zwiebel schälen und vierteln. Das Fleisch mit Wein, Zwiebel, Piment, Nelken und Estragon 6 Std. kühl gestellt marinieren. ➤ Backofen auf 180° vorheizen. Die Kartoffeln schälen und in Scheiben schneiden. Eine ofenfeste Form mit etwas Schmalz fetten, mit einem Drittel der Kartoffeln auslegen, darüber die Hälfte der Fleischscheiben verteilen, jede Lage salzen, pfeffern und mit etwas Petersilie bestreuen. Nochmals Kartoffelscheiben und Fleisch einfüllen, würzen, mit Kartoffeln abdecken. Die Marinade aufkochen, abschmecken und heiß über den Auflauf gießen. Das übrige Schmalz in Stückchen darauf setzen. Mit Alufolie abdecken und im Ofen (Mitte, Umluft 160°) in 1 1/2 Std. garen. 15 Min. vor Ende der Garzeit die Folie abnehmen, damit die Oberfläche bräunt.

Pouilly-Fumé (Frankreich)

€€	Sehr trockener, säurereicher Weißwein. Nicht mit dem Pouilly-Fuissé verwechseln! Kann ruhig fünf Jahre liegen.
Region:	oberes Loiretal
Rebsorte:	Sauvignon blanc
Serviertemp.:	10°C
Farbe:	helles Strohgelb
Duft:	schön fruchtig nach weißen Pfirsichen, reifen Stachelbeeren, weißen Johannisbeeren, Melonen, Birnen, Heu, leicht mineralisch nach Feuerstein
Geschmack:	frisch-fruchtig, sehr trocken, junge leicht prickelnd, stramme, kernige Säure (aber nicht sauer), rund und elegant im Gaumen, zart nach Ananas und grünen Kräutern
Gerichte:	Vorspeisen, Fisch mit weißem Fleisch, Meeresfrüchte (Flusskrebse, Hummer, Langusten), Gemüse in heller, pikanter Sauce (auch mit Zitrone gewürzt), helles Fleisch (Schwein, Kalb, Geflügel), Käse (frischer Ziegenkäse)

Schinken in Wein-Sahne-Sauce (Jambon en saupiquet)

➤ ***Für 4 Personen:***

Fett für die Platte • 500 g gekochter Schinken in Scheiben • 3 Schalotten • 2 EL Butter • 2 EL Mehl • 1 EL Weißweinessig • je 125 ml Weißwein und Fleischbrühe • 5 Wacholderbeeren • 1 TL gehackte Estragonblättchen • 150 g Crème fraîche • Salz, weißer Pfeffer • 3 EL geriebener Hartkäse (Gruyére oder Bergkäse)

➤ Eine hitzefeste Platte fetten. Die Schinkenscheiben aufrollen und auf der Platte auslegen. Den Backofen auf 225° vorheizen. ➤ Die Schalotten schälen, fein würfeln. Die Butter zerlassen und die Schalotten hell andünsten. Das Mehl darüber streuen, einmal aufschäumen lassen. Den Essig, Weißwein und Brühe angießen, mit zerdrückten Wacholderbeeren und Estragon würzen, 10 Min. leise köcheln lassen. Crème fraîche einrühren, salzen und pfeffern. ➤ Die Sauce durch ein Sieb über die Schinkenscheiben gießen, den Käse darüber streuen und im Backofen (Mitte, Umluft 200°) 5–7 Min. überbacken, ohne dass der Käse bräunt.

Retsina (Griechenland)

€	Gewöhnungsbedürftiger, harzig schmeckender Wein der griechischen Tavernen. Gibt es auch in Rosé (Kokineli). Gut gekühlt ein unkomplizierter Sommerwein.
Region:	vor allem Attika (um Athen), auch Peloponnes, Euböa u.a.
Rebsorten:	Savatiano, Rhoditis u.a.
Serviertemp.:	8°C
Farbe:	goldgelb
Duft:	aromatisch-würzig, mehr oder weniger nach Pinienharz oder Tannenzapfen
Geschmack:	trocken, fruchtig, würzig und dezent bis stark nach Harz
Gerichte:	Vorspeisen, Salate, Fisch (gebraten und vom Grill), helles Fleisch (Kalb, Geflügel), überhaupt zu vielen griechischen Spezialitäten

Hackfleischbällchen in Tomatensauce (Keftédes)

➤ ***Für 4 Personen:***

1 Brötchen vom Vortag • 300 g gemischtes Hackfleisch • 1 großes Ei • 2 Zwiebeln • 4 Knoblauchzehen • 2 TL getrocknete Minze • Salz, schwarzer Pfeffer • 2–4 EL Semmelbrösel • 2 EL Olivenöl • 1 große Dose Tomaten (800 g) • 1 TLgetrockneter Thymian • 1 TL Zimtpulver

➤ Das Brötchen in kaltem Wasser einweichen. Das Hackfleisch in eine Schüssel geben. Das Brötchen fest ausdrücken, mit Hackfleisch und dem Ei vermischen. 1 Zwiebel schälen, auf einer Gemüsereibe dazureiben, 2 Knoblauchzehen schälen und dazupressen. Mit zerbröselter Minze, Salz und Pfeffer würzen. Kräftig kneten, dabei so viel Semmelbrösel dazugeben, bis der Teig formbar ist. 30 Min. kühl stellen.
➤ Restliche Zwiebel sehr fein hacken. In Öl anschmoren, die übrigen Knoblauchzehen dazupressen. Tomaten dazugeben und zerdrücken. Mit Salz, Pfeffer und Thymian würzen, 5 Min. leise kochen lassen.
➤ Aus dem Hackfleischteig etwa walnussgroße Bällchen formen, in die Sauce legen. Die Sauce mit Zimt würzen, zugedeckt 20 Min. schmoren lassen. Abschmecken und mit Weißbrot servieren.

Riesling (Deutschland)

€ € Der Riesling gilt als beste deutsche Rebsorte, die Weine reichen von zart und leicht bis wuchtig und voluminös. Für Einsteiger am besten trockenen Riesling Kabinett eines guten Winzers probieren.

Region: Deutschland (die berühmtesten aus dem Rheingau), Österreich (Wachau), Elsass

Rebsorte: Riesling

Serviertemp.: 10–12°C

Farbe: helles Gelb mit grünlichen Reflexen bis Goldgelb, Honigfarbe

Duft: weiße Pfirsiche, angeschnittene Äpfel, Honigmelone, Ananas und andere Exoten, Blüten (Rosen, Veilchen), gehaltvolle kräftig nach Honig

Geschmack: frisch, herb mit vorwitziger, frecher Säure, kräftig fruchtig, manche mineralisch, Honig- und Nussaromen

Gerichte: Vorspeisen, Austern, Räucherlachs, Kaviar, Salate, helles Gemüse, Fisch und Meeresfrüchte, helles Fleisch. Spätlesen: zu reifen, herzhaften Käsesorten

Miesmuscheln auf rheinische Art

➤ ***Für 4 Personen:***

2 kg Miesmuscheln • 2 Zwiebeln • 1 Bund Suppengemüse • 250 ml trockener Weißwein (Riesling) • 1 Lorbeerblatt • je 1 EL schwarze Pfefferkörner und Wacholderbeeren • 2 Gewürznelken • Salz

➤ Die Muscheln in kaltes Wasser geben, geöffnete oder beschädigte wegwerfen. Die Muscheln waschen und bürsten, abtropfen lassen.

➤ Die Zwiebeln schälen und in Streifen schneiden. Das Suppengemüse waschen, putzen und klein würfeln. In einem großen, breiten Topf den Weißwein mit 125 ml Wasser, Zwiebeln, Gemüse und Gewürzen aufkochen, 15 Min. offen kochen lassen. Die Muscheln hineingeben, leicht salzen und zugedeckt bei starker Hitze 5 Min. garen, dabei den Topf ab und zu schütteln. Geöffnete Muscheln auf tiefe Teller verteilen (noch geschlossene Muscheln wegwerfen). Den Kochsud mit Gemüse vorsichtig (ohne sandigen Bodensatz) darüber verteilen. Dazu dunkles Roggenbrot servieren.

Rueda (Spanien)

€	Frischer, fruchtiger Sommerwein aus dem besten Weißweingebiet Spaniens aus einer regionalen Rebsorte. Nicht eisgekühlt servieren, sonst leidet das Aroma.
Region:	Rueda (Nordwest-Spanien)
Rebsorten:	Verdejo (und etwas Sauvignon Blanc)
Serviertemp.:	12°C
Farbe:	strohgelb
Duft:	zart nach Stachelbeeren, roten Johannisbeeren, Nüssen
Geschmack:	leicht würziger, erfrischend »grüner«, runder, nicht sehr säurebetonter Wein mit nussigen Aromen
Gerichte:	kalte Vorspeisen, Salate mit Fisch oder Geflügel, Pasteten, Fisch (Dorade, Seeteufel), Hummer, Langusten, Tintenfische, Muscheln, helles Fleisch

Schweinefilet in würziger Sauce (Lomo en adobo)

➤ ***Vorspeise für 4 Personen:***

1 Schweinefilet à 500 g • Salz, schwarzer Pfeffer • 2 Zweige frischer Rosmarin • 4 EL Olivenöl • 4–5 Knoblauchzehen • 100 ml trockener Weißwein (Rueda) • 3–4 EL Zitronensaft

➤ Vom Schweinefilet restliche Häute und Sehnen entfernen, das Filet mit Küchenpapier trockentupfen und in gut 1 cm dicke Scheiben schneiden. Mit Salz und Pfeffer würzen. Rosmarin waschen, die Nadeln abzupfen und fein hacken. ➤ Die Hälfte vom Olivenöl in einer Pfanne erhitzen, die Filetscheiben bei mittlerer Hitze portionsweise 2 Min. pro Seite kräftig anbraten, aus der Pfanne heben. Dachziegelartig in eine flache Form schichten und mit gehacktem Rosmarin bestreuen. Den Knoblauch schälen und in dünne Scheiben schneiden, kurz im Bratenfett andünsten, mit Weißwein ablöschen und alles über das Fleisch gießen. Mit Zitronensaft und dem restlichen Olivenöl beträufeln, mit Salz und Pfeffer abschmecken. Zugedeckt über Nacht im Kühlschrank marinieren. Mit Weißbrot servieren.

Sancerre (Frankreich)

€ €	Mittelkräftiger, fruchtig-frischer Wein, dem Chablis und dem Pouilly-Fumé recht ähnlich, aber bei guter Qualität etwas preiswerter. Schönes Beispiel für weiße Sauvignon-Weine. Recht jung zu trinken.
Region:	oberes Loiretal
Rebsorte:	Sauvignon Blanc
Serviertemp.:	10°C
Farbe:	helles Gelb bis Strohgelb
Duft:	frisch-fruchtig, Stachelbeeren, grüne Paprikaschoten, Rhabarber, duftig nach weißen Blüten, erdig nach Kalk oder Feuerstein
Geschmack:	sehr trocken, fruchtig-frisch, auf der Zungenspitze knackige Säure, im Mund saftig, würzig nach reifen Stachelbeeren und Lorbeer mit schönem, rundem Nachgeschmack
Gerichte:	Gemüse (Artischocken), Fische und Meeresfrüchte mit Zitrone, helles Fleisch, Käse (Ziegenkäse)

Lachsfilet mit Zitronen-Kapern-Butter
(Saumon au beurre blanc)

➤ ***Für 4 Personen:***

4 Stücke Lachsfilet à 175 g • Salz, weißer Pfeffer • 1 große Zitrone • 2 Schalotten • 1 EL Weißweinessig • 50 ml trockener Weißwein • 150 g kalte Butter • 2 EL kleine Kapern • 2 EL Pflanzenöl zum Braten

➤ Die Lachsstücke mit Küchenpapier trockentupfen, leicht salzen und pfeffern. Die Zitrone filetieren, dabei den Saft auffangen. Die Zitronenfilets in kleine Stücke schneiden, den Saft über die Lachsstücke träufeln. ➤ Die Schalotten schälen und sehr fein würfeln. Mit Essig und Weißwein in einen Topf geben und auf 4 EL Flüssigkeit einkochen lassen. Die Hitze auf kleinste Stufe schalten, nach und nach 125 g Butter in kleinen Stücken einrühren, dabei darf die Mischung nicht kochen. Die Zitronenstückchen und Kapern unter die Sauce rühren, mit Salz und Pfeffer würzen. Den Topf vom Herd nehmen. ➤ In einer Pfanne restliche Butter mit dem Öl erhitzen. Die Lachsstücke trockentupfen und bei mittlerer Hitze im heißen Fett auf beiden Seiten je 3 Min. braten. Auf Tellern anrichten und mit der Sauce übergießen.

Sauvignon Blanc (Alte und Neue Welt)

€	Frische, fruchtige und unkomplizierte Sommerweine, fast immer trocken ausgebaut, oft mit leicht prickelnder Säure. Jung trinken!
Region:	Frankreich (Loire), Italien (Südtirol, Friaul, Venetien), Österreich (Steiermark), Ungarn, Südafrika, Australien, Chile, Kalifornien
Rebsorte:	Sauvignon Blanc
Serviertemp.:	8–10°C
Farbe:	helles Gelb
Duft:	grüne, gemüsige Aromen wie grüne Paprikaschoten, grüner Spargel, frisch geschnittenes Gras, Kräuter, Farn, dazu reife Birnen, Stachelbeeren, schwarze Johannisbeeren und Mango
Geschmack:	frisch, zitronig, knackig-knusprig, zart nach Frühlingswiese, angenehm nach Pflanzen und Gras
Gerichte:	Salate, Vorspeisen (Sülzen, Carpaccio), Eierspeisen, Fisch mit weißem Fleisch, jede Art Gemüse (Spargel, Erbsen, Möhren, Lauch), frischer Ziegenkäse

Catfisch mit Gurken-Dill-Gemüse

➤ ***Für 4 Personen:***

2 dicke Schmorgurken • 1 Zwiebel • 2 Knoblauchzehen • 5 EL Butter • je 1/4 TL Cayennepfeffer und Ingwerpulver • Salz, weißer Pfeffer • 2 EL Gemüsefond • 600 g Catfischfilet • 3–4 EL Mehl • 2 EL gehackter Dill • 150 g Crème fraîche

➤ Die Gurken schälen, längs halbieren und die Kerne auskratzen, die Gurkenhälften quer in 1 cm dicke Scheiben schneiden. Zwiebel und Knoblauch schälen, fein hacken. In einem Schmortopf 2 EL Butter erhitzen, Zwiebel- und Knoblauchwürfel glasig dünsten. Gurkenscheiben dazugeben und ebenfalls anschmoren, bis sie glasig sind. Mit Cayennepfeffer, Ingwer, Salz und Pfeffer würzen, Fond angießen und 10 Min. zugedeckt dünsten. ➤ Die Fischfilets salzen, pfeffern und in Mehl wenden. Die übrige Butter in einer Pfanne erhitzen und die Fischfilets bei mittlerer Hitze 4–5 Min. je Seite braten. ➤ Den gehackten Dill und die Crème fraîche unter das Gurkengemüse mischen, heiß werden lassen und zum Fischfilet servieren.

Silvaner (Deutschland, Elsass)

€	Mildere Weine, die zu einfachen, bodenständigen Gerichten gut passen und auch von säureempfindlichen Menschen gut vertragen werden.
Region:	Deutschland (Franken, Rheinhessen und Pfalz, Baden), Frankreich (Elsass), Südtirol, Schweiz (Wallis)
Rebsorte:	Silvaner (im Elsass »Sylvaner«, im Wallis »Johannisberg«)
Serviertemp.:	10°C
Farbe:	hell- bis honiggelb
Duft:	neutral, helle Trauben, Honig, reife süße Grapefruit, Erde, Heu
Geschmack:	je nach Herkunft zart bis kräftig und frisch, saftig aber »bissfest«, dezent fruchtig, Silvaner aus Franken oft etwas erdig
Gerichte:	Vorspeisen, Wurst, kaltes Fleisch oder Geflügel, Kasseler mit Sauerkraut, Frikassee, gebratenes Fischfilet mit Kartoffelsalat, Käse (Limburger, Weinkäse, Munster)

Badisches Schäufele mit Kartoffelsalat

➤ ***Für 4 Personen:***

1 Schäufele (Schweineschulter gepökelt und geräuchert), ca. 1 kg (ersatzweise Kasseler) • 1 große Zwiebel • 2–3 Knoblauchzehen • Salz • 1 EL schwarze Pfefferkörner • 2 Lorbeerblätter • 10 Pimentkörner • Für den Kartoffelsalat: 750 g Kartoffeln, vorwiegend fest kochend • Salz • 1 Zwiebel • 4 EL Pflanzenöl • 6–8 EL Weißweinessig • 2 EL gehackte Petersilie

➤ Das Schäufele abspülen. Zwiebel und Knoblauch schälen, Zwiebel halbieren. 1 1/2 l Wasser mit Zwiebel, Knoblauch, wenig Salz und den Gewürzen aufkochen, das Fleisch hineinlegen und zugedeckt bei ganz schwacher Hitze etwa 2 Std. leise simmern lassen. ➤ Für den Kartoffelsalat die Kartoffeln waschen und mit Salzwasser bedeckt in 20–25 Min. gar kochen, abgießen und heiß pellen, in Scheiben schneiden. Zwiebel schälen und fein würfeln, in Öl glasig dünsten. Etwa 500 ml Kochbrühe vom Schäufele zugießen, Essig einrühren und heiß über die Kartoffeln gießen. Petersilie dazugeben, mit Salz abschmecken. Schäufele in dünne Scheiben aufschneiden und mit dem warmen Kartoffelsalat servieren.

Soave (Italien)

€	Frischer, unkomplizierter Weißwein. Stammen die Trauben aus der zentralen Soavezone, darf der Wein die Bezeichnung »Classico« tragen. Gut gekühlt servieren!
Region:	Italien (Venetien, östlich von Verona)
Rebsorten:	Garganega, Trebbiano
Serviertemp.:	8–10°C
Farbe:	helles Strohgelb, manchmal zart grünlich
Duft:	verhalten fruchtig, duftig-zitronig, Toast, Kräuter, Mandeln
Geschmack:	sehr trocken, frisch, recht dezent. Weine von besseren Erzeugern haben mehr Aroma und schmecken nach Kräutern, Minze, Rucola und Zitrus – wie Zitronensorbet mit zartbitterem Nachgeschmack.
Gerichte:	als Aperitif, zu Pasta mit Zitronensauce, Risotto, Fisch mit weißem Fleisch (Forellen), Meeresfrüchten, hellem Fleisch und Geflügel

Risotto mit Rucola (Risotto con rucola)

➤ ***Für 4 Personen:***

40 g Rucola • 2 Schalotten • 2 Knoblauchzehen • 2 EL Butter • 250 g Risotto-Reis • 100 ml Weißwein (Soave) • 750–900 ml heiße Brühe • 75 g frisch geriebener Parmesan • 4 EL Sahne • Salz, weißer Pfeffer

➤ Den Rucola waschen, gut abtropfen lassen. Schalotten und Knoblauch schälen, fein hacken. Die Butter in einem schweren Topf erhitzen, Schalotten und Knoblauch hellgelb andünsten. Den Reis einstreuen, in 2–3 Min. glasig dünsten. Den Wein angießen und fast einkochen lassen. Unter Rühren nach und nach die Brühe dazugießen, die Reiskörner sollen ständig gerade bedeckt sein. ➤ Wenn der Reis nach 20–25 Min. bissfest-gar ist, die Hälfte vom Käse und die Sahne kräftig unterrühren, mit Salz und Pfeffer abschmecken. ➤ Rucola grob zerschneiden und untermischen. Mit restlichem Käse bestreut servieren.

Tocai Friulano (Italien)

€	Mittelkräftige, aromatische, eigenständige Tischweine aus einer regionalen Rebsorte, die nichts mit den Tokayern aus Ungarn zu tun hat.
Region:	Italien (Friaul)
Rebsorte:	Tocai Friulano
Serviertemp.:	8–10°C
Farbe:	helles Gelb
Duft:	dezent nach hellen Trauben
Geschmack:	frisch, fruchtig mit weicher Säure, aromatisch mit zartbitterem Nachgeschmack nach Mandeln
Gerichte:	Vorspeisen (Melone mit mildem Schinken), Pasta mit Fisch und Meeresfrüchten, helle Saucen (Sahnesaucen), leichte Gemüsegerichte

Spaghetti mit Lachs und Lauchzwiebeln
(Spaghetti al salmone e cipollotti)

➤ ***Für 4 Personen:***

125 g Lauchzwiebeln • 2 EL Butter • 200 ml trockener Weißwein • 200 g Sahne • 1 TL geraspelte Zitronenschale • 1 EL Zitronensaft • Salz, weißer Pfeffer • 400 g Spaghetti • 250 g frisches Lachsfilet • Basilikumblätter zum Garnieren

➤ Die Lauchzwiebeln putzen, waschen und die weißen und hellgrünen Teile in feine Scheiben schneiden. Die Butter erhitzen und die Lauchzwiebeln bei mäßiger Hitze 5 Min. andünsten. Den Weißwein aufgießen und offen auf die Hälfte der Menge einkochen. ➤ Die Sahne zum Lauch gießen, mit Zitronenschale und -saft, Salz und Pfeffer würzen. 10 Min. offen ganz leise kochen lassen. ➤ Reichlich Salzwasser aufkochen. Die Spaghetti nach Packungsanweisung bissfest kochen, dabei öfter umrühren. In ein Sieb abgießen und abtropfen lassen. ➤ Das Lachsfilet in 1/2 cm dicke Streifen schneiden und in die Sauce rühren, nur kurz erhitzen. Die Sauce abschmecken und auf den Spaghetti anrichten, mit Basilikumblättchen bestreut servieren. Dazu keinen Käse reichen!

Trebbiano (Italien)

€ Leichte, trockene und zart aromatische Weine aus einer der ältesten Rebsorten Italiens. Säurebetont, aber nicht zu sauer. Gut gekühlt ein sehr erfrischender Partywein. Jung trinken!

Region: Abruzzen und Emilia-Romagna
Rebsorte: Trebbiano
Serviertemp.: 8°C
Farbe: sehr hell bis strohgelb
Duft: grüne Äpfel, Birnen, Zitrus, Pilze, Kräuter (Minze)
Geschmack: zartfruchtig wie Apfelsaft mit etwas Ananas, angenehme Säure (wie reife Äpfel), kräutrig, manche gewürzhaft oder erdig (Kalk)
Gerichte: Antipasti, Fisch mit hellem Fleisch, Meeresfrüchte, Pasta mit heller Sauce, Geflügel, Kalbfleisch mit leichter Sauce, Käse (Camembert)

Nudeln mit Shrimps und Minze
(Tagliolini al gamberetti e menta)

➤ ***Für 4 Personen:***
200 g kleine Garnelen (Shrimps, evtl. tiefgekühlt) • 2 Schalotten • 2 EL Butter • 1 TL geriebene Zitronenschale • 150 ml trockener Weißwein • 200 g Sahne • Salz • 400 g Tagliolini (schmale Bandnudeln) • weißer Pfeffer • 2 EL Zitronensaft • 4 Zweige frische Minze

➤ Garnelen in ein Sieb geben, kalt überbrausen und abtropfen lassen. ➤ Wasser für die Nudeln aufsetzen. Schalotten schälen und sehr fein würfeln. Die Butter zerlassen und die Schalotten bei mittlerer Hitze glasig dünsten. Die Zitronenschale und den Wein dazugeben, bei starker Hitze um 1/3 einkochen. Die Sahne unterrühren und bei schwacher Hitze offen 10 Min. leise köcheln lassen. ➤ Wenn das Nudelwasser kocht, salzen und die Tagliolini einrühren. Nach Packungsangabe bissfest kochen. ➤ Die Shrimps in die Sauce rühren, mit Salz, Pfeffer und Zitronensaft würzen, bei schwacher Hitze noch 2–3 Min. ziehen lassen. Die Minze waschen und die Blätter grob hacken. Nudeln abgießen, abtropfen lassen und mit der Sauce übergießen, mit Minze bestreuen und servieren.

Verdicchio dei Castelli di Jesi (Italien)

WEISSWEIN

€	Leichter, delikater Wein in der typischen geschwungenen Amphorenflasche. Empfehlenswert: Classico und Verdicchio di Matelica. Sollte innerhalb von 3 Jahren nach der Lese getrunken sein.
Region:	Marken, Provinz Ancona
Rebsorte:	Verdicchio (mit etwas Malvasia und Trebbiano)
Serviertemp.:	8°C
Farbe:	hellgelb mit deutlichen Grüntönen
Duft:	sehr dezent, zart blumig, nach Gras, reifen Trauben
Geschmack:	frisch, leicht grünlich-herb. Guter Verdicchio schmeckt vielschichtig, zart fruchtig-bitter und nach Haselnüssen.
Gerichte:	Antipasti, Gemüse mit leichten Saucen, Pasta mit heller Sauce, Fisch und Meeresfrüchte, helles Fleisch (Kalb, Geflügel)

Steinbutt mit Mandelsauce
(Rombo alla salsa di mandorle)

➤ ***Für 4 Personen:***

4 Scheiben Steinbutt à 250 g • 1 kleine Zwiebel • 1 Möhre • 1 Stange Staudensellerie • 1 Bund Petersilie • 2 Salbeiblätter • 30 g Butter • Salz, schwarzer Pfeffer • 100 ml Weißwein (Verdicchio) • 3 EL Olivenöl • 50 g gehackte Mandeln

➤ Den Backofen auf 200° vorheizen. Steinbuttscheiben kurz waschen, mit Küchenpapier trockentupfen. Die Zwiebel schälen, Gemüse und Kräuter waschen, putzen und alles klein schneiden. Eine Auflaufform mit wenig Butter ausstreichen und die Gemüsewürfel darin verteilen. Die Fischscheiben darauf legen, salzen und pfeffern. Wein und Olivenöl dazugießen, den Fisch im Ofen (Mitte, Umluft 180°) in 25 Min. garen. Ab und zu mit etwas Garflüssigkeit übergießen, eventuell etwas Wasser nachgießen. ➤ Die Mandeln ohne Fett hellgelb anrösten, abkühlen lassen. Fisch auf einer Servierplatte im abgeschalteten Ofen warm halten. Den Fond durch ein feines Sieb in eine Kasserolle gießen und bei starker Hitze kurz einkochen lassen. Mit der restlichen Butter und den Mandeln verrühren und über den Steinbutt gießen. Heiß servieren.

Vernaccia di San Gimignano (Italien)

€	Fruchtiger, leichter und ordentlicher Weißwein, gut für Sommerpartys und Grillfeste
Region:	Toskana
Rebsorte:	Vernaccia
Serviertemp.:	8–10°C
Farbe:	helles Gelb
Duft:	reife weiße Trauben, Mandeln (Marzipan), weiße Blüten, Rosenwasser, Kräuter
Geschmack:	fruchtig, leicht, mit mäßiger Säure. Meist ordentlich und sauber ausgebaut, richtiger Schoppenwein
Gerichte:	Antipasti, Gemüsegerichte mit heller Sauce, Pasta mit Sahnesauce, Fisch (gedünstet), Meeresfrüchte, Geflügel

Forellen mit Kräutern (Trote affogate)

➤ ***Für 4 Personen:***

4 frische Forellen à 200 g • Salz, schwarzer Pfeffer • 1 kleine Zwiebel • 4 Knoblauchzehen • 1 Bund glatte Petersilie • 1 Zweig Zitronenmelisse • 4 EL Olivenöl • 2 EL Mehl • 250 ml trockener Weißwein

➤ Von den Forellen die Seiten- und Rückenflossen abschneiden. Die Fische unter kaltem Wasser innen und außen kurz abspülen, mit Küchenpapier trockentupfen, salzen und pfeffern. Beiseite stellen.

➤ Die Zwiebel und den Knoblauch schälen, fein zerschneiden. Die Kräuter waschen, trocknen und fein hacken. In einer großen Pfanne das Olivenöl erhitzen. Zwiebel, Knoblauch und Kräuter unter Rühren bei schwacher Hitze 2–3 Min. anbraten, an den Pfannenrand schieben.

Die Forellen in Mehl wenden, in die Pfanne legen und auf jeder Seite 2–3 Min. anbraten. Nach dem Wenden etwas Weißwein angießen und eindampfen lassen, erst dann wieder etwas Wein angießen. Die Forellen so offen in 15–20 Min. garen, dabei einmal vorsichtig wenden.

➤ Auf einer Platte anrichten und mit der Sauce beträufeln. Dazu Weißbrot servieren.

Vinho Verde (Portugal)

€	Frischer, ganz leicht perlender »grüner« Wein aus dem Nordwesten von Portugal. Wenig Alkohol, daher idealer Partywein. Gut gekühlt trinken! Gibt's in Schlegel- und in Bocksbeutelflaschen.
Region:	Provinz Minho
Rebsorten:	Alvarinho u.a. regionale Sorten
Serviertemp.:	8°C
Farbe:	helles Gelb, zarte Perlen
Duft:	zart nach Mirabellen, grünen Äpfeln, Quitten, auch Zitrus und Melone
Geschmack:	fruchtig, lebendig und leicht, mit prickelnder Säure, die manchmal an unreifes Obst erinnert; pikantes, mittelkräftiges Aroma
Gerichte:	als Aperitif, zu Vorspeisen (mit Wurst und Schinken), Fischen mit hellem Fleisch und Meeresfrüchten

Tintenfische gegrillt auf portugiesische Art
(Lulas grelhadas)

➤ ***Für 4 Personen:***

750 g Kalmare (Tintenfische, Calamari) mit Kopf • 3 Knoblauchzehen • 1 Bund Petersilie • 2 EL Butter • Salz, schwarzer Pfeffer • 2 EL Olivenöl

➤ Von den Tintenfischen den Kopf mit Fangarmen drehend aus der Körperhülle ziehen. Die Fangarme abschneiden, die Innereien und den Kopf wegwerfen. ➤ Aus den Tintenfischtuben das durchsichtige Fischbein entfernen. Die Körper innen und außen waschen, dabei die dunkle Haut abrubbeln. Die Fangarme klein schneiden. Den Knoblauch schälen und fein würfeln. Die Petersilie waschen, die Blättchen fein hacken.
➤ Die Butter erhitzen, die Fangarme und den Knoblauch 5 Min. anbraten. Die Petersilie untermischen, mit Salz und Pfeffer würzen. Etwas abgekühlt in die Tintenfischkörper füllen, die Öffnungen mit Zahnstochern verschließen. Außen salzen und mit Olivenöl bestreichen.
➤ Eine Grillpfanne oder den Holzkohlengrill erhitzen und die Kalmare unter Wenden in 12–15 Min. braun grillen. Dazu kleine Pellkartoffeln, in Olivenöl geschwenkt und mit Zitronensaft beträufelt servieren.

WEISSBURGUNDER (DEUTSCHLAND, ÖSTERREICH)

€	Dezenter Begleitwein für alle Gelegenheiten. Manchmal sehr neutral und schwach mit grasiger Säure. Gute sind fruchtig-frisch mit markanter, angenehmer Säure. Jung trinken.
Region:	Baden, Pfalz, Rheinhessen, Österreich (Burgenland)
Rebsorte:	Weißburgunder (s.a. Pinot Blanc, Pinot Bianco)
Serviertemp.:	10°C
Farbe:	zartgelb
Duft:	sehr dezent, duftig-fruchtig, grüne bis reife Äpfel
Geschmack:	dezent würzig, gute schmecken fein fruchtig und sind trotz ihrer Aromafülle »schlank«, zart und spielerisch auf der Zunge.
Gerichte:	Vorspeisen, Gemüse in Sahnesauce, Fisch mit hellem Fleisch (gegrillt oder gebraten), Meeresfrüchte (Muscheln mit Weinsauce, Austern), Kalbfleisch und Geflügel, Pilzgerichte, Käse (Camembert oder milder Edelpilzkäse)

Fisch-Soufflés mit Kerbelsahne

➤ ***Für 4 Personen:***

250 g helles Fischfilet (Rotbarsch, Seelachs) • Fett für die Förmchen • 3 Eier • 75 g Crème fraîche • 2 EL gehackte Petersilie • 1 TL Zitronensaft • Salz, weißer Pfeffer • 25 g Kerbel • 175 g saure Sahne

➤ Das Fischfilet entgräten und mit Küchenpapier trockentupfen. Würfeln und im Blitzhacker pürieren, 20 Min. in den Kühlschrank stellen. Kleine Auflaufförmchen (à ca. 250 ml) ausfetten. Backofen auf 220° vorheizen. Die Eier trennen. Fischpüree mit Eigelben, Crème fraîche und gehackter Petersilie verrühren. Mit Zitronensaft, Salz und Pfeffer abschmecken. ➤ Die Eiweiße mit einer Prise Salz steif schlagen und locker unter das Fischpüree heben. In die Soufflêförmchen füllen. Im Ofen (unten, Umluft 200°) 15–20 Min. backen, bis die Soufflés goldbraun sind. ➤ Für die Sauce Kerbel waschen, trocknen und fein hacken. Die saure Sahne mit Kerbel, Salz und Pfeffer cremig rühren. Die Soufflêförmchen auf Portionsteller setzen, die Kerbelsahne extra servieren.

Alghero Rosé (Italien)

€ Interessanter, trockener Rosé aus dem Nordwesten Sardiniens (nahe der Stadt Alghero). Die Rebsorte Cannonau stammt aus Spanien und heißt dort Garnacha. Schöner Sommerwein, jung trinken.

Region: Sardinien (nahe Alghero)
Rebsorten: Cannonau und Sangiovese
Serviertemp.: 10–12°C
Farbe: helles Rot, leicht ins Violette und Bräunliche spielend
Duft: fruchtig nach Beeren, roten Kirschen, roten Johannisbeeren, Kräutern
Geschmack: interessant, säurebetont, nach Kirschsaft, Himbeersirup, aber nicht süß
Gerichte: als Aperitif, zu Pasta mit leichter Tomatensauce, Fisch mit hellem und rotem Fleisch (vom Grill oder gebraten), Fischsuppe, hellem Fleisch (Kalb, Geflügel)

Marinierte Sardinen vom Grill (Sarde arrosto)

➤ ***Für 4 Personen:***
1 kg ganze, nicht ausgenommene Sardinen • Salz • 3 Zweige Fenchelgrün (von Fenchelknollen) • 3 Knoblauchzehen • 5 EL Olivenöl • 100 ml trockener Weißwein • schwarzer Pfeffer • Zitronenachtel zum Garnieren

➤ Sardinen schuppen, auf der Bauchseite aufschneiden und ausnehmen, die Bauchhöhle unter fließendem Wasser ausspülen und mit dem Daumen ausreiben, bis alle dunklen Teile entfernt sind. Die Fische mit Küchenpapier trockentupfen, leicht salzen, in eine flache Schüssel legen. ➤ Fenchelgrün waschen und fein hacken. Den Knoblauch schälen und zum Olivenöl pressen, mit Fenchelgrün und Wein verrühren. Über die Fische gießen, zugedeckt im Kühlschrank 2–3 Std. marinieren. ➤ Holzkohlengrill anheizen. Die Fische aus der Marinade heben, abtropfen lassen. Auf ein Grillgitter legen und über der Holzkohle auf beiden Seiten jeweils 6–7 Min. grillen (oder in einer Grillpfanne braten), bis sie knusprig-braun sind, ab und zu mit Marinade bestreichen. Salzen und pfeffern, mit Zitronenachteln garnieren.

Bairrada Vinho Rosé Secco (Portugal)

€ Ein trockener, leichter, milder Rosé aus dem Weinbaugebiet neben dem bekannteren Dão, gekeltert aus einheimischen Traubensorten. Jung trinken und gut kühlen!

Region: Bairrada (westlich an Dão anschließend)
Rebsorten: Baga, Tinta Pinhera u.a.
Serviertemp.: 8–10°C
Farbe: lachsfarben
Duft: zart, nach Himbeeren, Kräutern, Meerwasser, gekochten Möhren
Geschmack: mild mit zarter, weicher Säure, rund im ganzen Mund, zart nach Möhrensaft, Eisen (rosig gebratenes Steak); zeigt mehr Aroma im Gaumen als beim Hinunterschlucken.
Gerichte: Meeresfrüchte (Muscheln mit Tomaten-Weinsauce), Fisch mit rotem Fleisch (Lachs, Lachsforelle), rosa gebratenes Fleisch, Geflügel

Lachskoteletts gedünstet (Salmão ensopado)

Für 4 Personen:

4 Lachskoteletts à 250 g • Salz, schwarzer Pfeffer • 1 Zwiebel • 4 EL Olivenöl • 1 Lorbeerblatt • 200 ml Weißwein • 1 EL Weißweinessig • 1 Eigelb • 1 EL fein gehackte Petersilie • 4 dicke Scheiben Weißbrot

➤ Die Lachskoteletts mit Küchenpapier trockentupfen, mit Salz und Pfeffer würzen. Die Zwiebel schälen und fein würfeln. ➤ Das Öl in einer Schmorpfanne erhitzen, Zwiebelwürfel goldgelb braten. Das Lorbeerblatt dazugeben, den Fisch darauf legen, Wein und Essig dazugießen, salzen und pfeffern. Fest zugedeckt bei schwacher Hitze 10–15 Min. garen. ➤ Das Eigelb mit gehackter Petersilie verquirlen. Die Brotscheiben im Toaster rösten, auf Teller legen. Die Lachskoteletts auf den Brotscheiben anrichten, das Eigelb mit etwas heißer Garbrühe verrühren, in die restliche Brühe rühren und erhitzen, bis die Sauce gebunden ist (nicht kochen). Mit Salz und Pfeffer abschmecken, über die Fischkoteletts gießen und gleich servieren.

Bardolino Chiaretto (Italien)

€ Frisch-fruchtiger, schöner Sommerwein aus dem Gebiet um das Dorf Bardolino. Oft besser als der rote Bardolino. Jung trinken. Gibt es auch als Sekt (Vino frizzante oder Spumante rosato).

Region:	Venetien (Gardasee)
Rebsorten:	Corvina Veronese, Rondinella, Molinara u.a.
Serviertemp.:	10°C
Farbe:	helles Himbeerrot, teils zart violette Töne
Duft:	fruchtig-aromatisch nach hellen Kirschen, gekochten Sauerkirschen (Konfitüre), Kräutern, weißen Blüten
Geschmack:	frisch-lebendig nach Himbeerdrops mit schöner, erfrischender Säure, pfeffrig-würzig, zart nach Bittermandeln und getrockneten Kräutern
Gerichte:	leichte Gerichte und Antipasti (gebratene Gemüse), Fisch (Lachs, Rotbarben, Forellen), Meeresfrüchte (Scampi), helles Fleisch (Geflügel, Kalb) mit nicht zu schweren Saucen

Rotbarbenfilets in Honigbutter gebraten
(Filetti di triglie arrostiti in miele)

➤ ***Für 4 Personen:***

400 g Tomaten • 12 Rotbarbenfilets mit Haut à 60 g • Salz, schwarzer Pfeffer • 1 EL Zitronensaft • 2 EL Butter • 2 TL milder Honig • 2 EL Mehl • 100 ml Fischfond • 100 ml trockener Roséwein • 1 Msp. gemahlener Peperoncino (Cayennepfeffer) • 1 EL gehackter Dill

➤ Stielansätze der Tomaten entfernen. Tomaten kurz überbrühen, häuten und entkernen, in Spalten schneiden. Die Rotbarbenfilets salzen und pfeffern, mit Zitronensaft beträufeln. ➤ In einer Pfanne die Butter mit dem Honig erhitzen, bis die Mischung aufschäumt. Die Fischfilets in Mehl wenden, erst auf der Hautseite 3–4 Min. braten, vorsichtig wenden und auf der Fleischseite noch 2–3 Min. garen. ➤ Die Filets aus der Pfanne heben, die Tomatenstücke in der Honigbutter 5 Min. dünsten, bis sie gar sind, aber noch nicht zerfallen. Fischfond und Wein aufgießen, kräftig aufkochen und mit Salz, Pfeffer und gemahlenem Peperoncino würzen. Die Fischfilets anrichten, mit der Sauce umgießen, mit Dill bestreuen und servieren.

Bergerac Rosé (Frankreich)

€

Frisch-fruchtiger Sommerwein aus einer Region, die sich östlich ans Bordeaux-Gebiet anschmiegt. Gut gekühlt jung trinken. Es gibt auch roten Bergerac und Côtes de Bergerac rouge, mittelkräftige bis kräftige, gehaltvolle Weine aus den gleichen Rebsorten, die aber einige Zeit lagern sollten.

Region: Bergerac (Südwest, Sud-Ouest)
Rebsorten: Merlot, Cabernet Sauvignon, Cabernet Franc, Malbec u.a.
Serviertemp.: 8–10°C
Farbe: helles, leuchtendes Rosa
Duft: Sauerkirschen, gekochte Himbeeren (Konfitüre), Kräuter und Farn, manchmal zart nach grünen Paprikaschoten
Geschmack: fein, weich und fruchtig, spritzig und lebendig nach hellen Kirschen, manchmal leicht animalisch
Gerichte: Meeresfrüchte (Muscheln), Fisch vom Grill, Eierspeisen, helles Fleisch (Kalb, Geflügel)

Forellen vom Grill (Truites au gril)

Für 4 Personen:
4 Forellen à 300 g • Salz, weißer Pfeffer • 3–4 EL Walnussöl • je 1/4 TL getrockneter Rosmarin, Oregano, Thymian • 250 g helle, möglichst saure Trauben

➤ Den Holzkohlengrill anheizen (oder den Backofen auf 220°, Umluft 200° vorheizen). Die Forellen innen und außen waschen, mit Küchenpapier trockentupfen und auf jeder Seite mehrmals schräg einschneiden, salzen und pfeffern. Große Stücke Alufolie mit etwas Walnussöl bestreichen, die Forellen darauf legen und mit den Kräutern bestreuen, das restliche Öl darüber träufeln und die Folien verschließen.
➤ Die Trauben waschen, in ein Tuch geben, die Zipfel fest zusammendrehen, den Saft auspressen und auffangen. ➤ Die Forellen auf den Grillrost (oder das Backblech) legen und auf beiden Seiten jeweils 10 Min. grillen (im Ofen insgesamt 30–35 Min. garen). ➤ Die Forellen in der Folie auf Teller geben, die Folien öffnen und die Fische mit dem Traubensaft beträufeln, gleich mit frischem Baguette servieren.

Cinsault Rosé Sec (Südafrika)

€

Leichter, fruchtiger Sommerwein, den neuen Jahrgang gibt es schon ab Mai bei uns! Gekühlt jung trinken. Schöner leichter Wein für Terrasse und Party. Die Rebsorte stammt aus Südfrankreich, wird dort selten rein ausgebaut, steckt aber in fast jedem Roséwein.

Region: Südafrika (auch Südfrankreich, steht aber selten auf dem Etikett)
Rebsorte: Cinsault
Serviertemp.: 8–10°C
Farbe: helles Rot, lachsfarben
Duft: würzig nach roten Kirschen, Beeren, zart kräutrig (Rucola)
Geschmack: fruchtig mit angenehmer Säure, pikant und würzig
Gerichte: Salate (auch reichhaltige mit Nudeln, Reis, Wurst, Schinken), Fleisch vom Grill, Geflügel und Kalbfleisch (auch pikant gewürzt)

Lamm-Aprikosenspieße vom Grill (Sosaties)

➤ ***Für 4 Personen:***

400 g Lammlende (ausgelöster Lammrücken) • 300 g fettes Schweinefleisch (Bauchfleisch oder Brustspitze) • Salz, schwarzer Pfeffer • 2 Zwiebeln • 3–4 Knoblauchzehen • 3 EL Erdnussöl und Öl für die Spieße • 1 EL scharfes Currypulver • 2 EL brauner Zucker • 200 ml milder Weinessig • 50 g Aprikosenkonfitüre • 1 EL Speisestärke • 100 g getrocknete Aprikosen

➤ Das Fleisch in 3 cm große Würfel schneiden, in eine Schüssel geben, mit Salz und Pfeffer würzen und kühl stellen. Zwiebeln und Knoblauch schälen, fein hacken. Das Öl erhitzen, Zwiebeln und Knoblauch goldbraun braten. Curry, Zucker, Essig und die Konfitüre einrühren, erhitzen. Die Stärke mit etwas Wasser anrühren, in die Sauce rühren und aufkochen, dann abkühlen lassen. Die kalte Sauce unter das Fleisch mischen, zugedeckt über Nacht kühl stellen. ➤ Die Aprikosen in warmem Wasser 1 Std. quellen lassen. Holzkohlengrill anheizen. Die Fleischstücke aus der Marinade heben und abwechselnd mit abgetropften Aprikosen auf geölte Spieße stecken. Über der Holzkohle (oder im Elektrogrill) 8–10 Min. pro Seite grillen. Marinade aufkochen, abschmecken und sehr heiß zu den Spießen servieren.

Cipresseto Rosato (Italien)

€	Delikater, angenehmer Menüwein für ein leichtes italienisches Essen. Jung trinken.
Region:	Toskana
Rebsorten:	Sangiovese u.a. rote Traubensorten
Serviertemp.:	10°C
Farbe:	helles Kirschrot, zarter Stich ins Violette
Duft:	zart helle Kirschen (Sauerkirschen), Mandeln, Kräuter (Thymian)
Geschmack:	frisch-fruchtig, zart, kräutrig (nach Gräsern, Farn), pikante Säure, zarte Gewürznoten (Muskat und Zimt)
Gerichte:	Antipasti, marinierte Gemüse, Salate, Pasta mit Tomatensauce, Eierspeisen, Fisch mit rotem Fleisch (Lachs, Tunfisch)

Gratinierte Auberginenröllchen
(Involtini di melanzane)

➤ ***Für 4 Personen:***

2 große Auberginen (700 g) • 1 Zwiebel • 2 Knoblauchzehen • 6-7 EL Olivenöl + Öl für die Form • 400 g Tomatenpüree (Passata di pomodoro) • 100 ml Rotwein • 1 Prise gemahlener Peperoncino (Cayennepfeffer) • je 1/2 TL getrockneter Rosmarin, Oregano und Thymian • 2 Kugeln Büffel-Mozzarella • Salz, schwarzer Pfeffer • 2 TL frische Thymianblättchen • 60 g frisch geriebener Parmesan

➤ Auberginen waschen, längs in dünne Scheiben schneiden, salzen, etwas ziehen lassen. Zwiebel und Knoblauch schälen, fein würfeln. 1 EL Öl erhitzen, Zwiebel und Knoblauch hell anbraten, Tomatenpüree, Wein, Peperoncino und getrocknete Kräuter dazugeben, offen 20 Min. leise köcheln lassen. Backofen auf 220° vorheizen. ➤ Eine große Pfanne erhitzen, die Auberginenscheiben trockentupfen, die Schnittflächen satt mit Olivenöl einpinseln und bei mittlerer Hitze in 3–5 Min. je Seite hellbraun braten. ➤ Mozzarella in dicke Stifte schneiden, mit Salz, Pfeffer und Thymianblättchen würzen und in je eine Auberginenscheibe einwickeln. In eine geölte Auflaufform legen. Die Tomatensauce mit Salz und Pfeffer abschmecken und über die Röllchen gießen. Mit Parmesan bestreuen, im Ofen (Mitte, Umluft 200°) 15–20 Min. überbacken.

Côtes de Provence (Frankreich)

€ Frisch-fruchtiger, lustiger Sommerfest-Wein von der Côte d'Azur in der typischen Keulenflasche. In den letzten Jahren hat sich die Weinqualität verbessert.

Region: Provence
Rebsorten: Cinsault, Syrah, Grenache u.a.
Serviertemp.: 10°C
Farbe: helles bis mittleres Rosa, lachsfarben
Duft: zart fruchtig nach Himbeeren, Drops, Konfitüre, provenzalischen Kräutern und Hauch von Meerwasser
Geschmack: fruchtig-würzig, pfeffrig, ziemlich trocken mit wenig Säure, leicht prickelnd auf der Zunge, wie Himbeerbonbons, zarter Mandelton beim Schlucken
Gerichte: Gerichte mit Knoblauch und Olivenöl, Fische (Lachs, Dorade) gebraten oder vom Grill, helles Fleisch

Provenzalisches Knoblauchhähnchen (Poulet à l'ail)

➤ ***Für 4 Personen:***
1 großes Hähnchen à 1,2 kg • Salz, weißer Pfeffer • 1 Kräutersträußchen (einige Petersilienstängel, 1 Zweig Thymian, 1–2 Sellerieblätter, 1 Lorbeerblatt) • 1–2 Knollen Knoblauch • 3 EL Olivenöl • je 1 TL gehackter Rosmarin, Thymian, Petersilie und Sellerieblätter • 1 Lorbeerblatt • 1 kleines Baguette

➤ Das Hähnchen unter fließendem Wasser innen und außen abspülen, mit Küchenpapier trocknen, salzen und pfeffern. Das Kräutersträußchen in die Bauchhöhle legen. ➤ Die Knoblauchzehen von der Knolle lösen und nur die äußeren Häute ablösen. Den Backofen auf 220° vorheizen. In einem Bräter das Olivenöl erhitzen, die Knoblauchzehen und die Kräuter mit dem Lorbeerblatt kurz andünsten. Das Huhn mit der Brust nach unten in den Bräter legen, fest zudecken und im Backofen (Mitte, Umluft 200°) 30 Min. braten. Die Hitze auf 180° (Umluft 165°) reduzieren, das Geflügel wenden und noch 45 Min. braten. Nur bei Bedarf wenig Wasser angießen. Kurz vorm Servieren das Baguette in Scheiben schneiden und im Toaster rösten. ➤ Das Hähnchen in Stücke zerteilen und auf Teller geben, den Bratensaft mit den Knoblauchzehen daneben verteilen. Das jetzt ganz weiche Knoblauchinnere auf die Brotscheiben drücken und zum Hühnchen essen.

Mateus Rosé (Portugal)

€ Leicht perlender, nicht ganz trockener Sommer-Rosé in der Bocksbeutelflasche vom portugiesischen Weinriesen Sogrape. Meist getrunkener Wein der Welt. Eiskalt servieren.

Region: Portugal
Rebsorten: Bastardo, Touriga, Alverelhão, Tinta Pinheira
Serviertemp.: 6°C
Farbe: helles Lachsrot, Stich ins Orangefarbene
Duft: zart nach hellroten Frühkirschen, Erdbeerkonfitüre
Geschmack: lustig, fruchtig-prickelnd nach hellen Kirschen, Himbeerdrops, geschälte Mandeln – ein bisschen wie Obstsalat mit Amaretto und Sekt
Gerichte: Vorspeisen, Gemüsegerichte mit Tomatensauce, würziger Fisch, Schweinefleisch (deftig-pikant zubereitet), Geflügel

Schweinefilet-Leberpfanne (Sarrabulho)

➤ ***Für 4 Personen:***
400 g Schweinefilet • 200 g Schweineleber • 1 Zwiebel • 3 Knoblauchzehen • 1 Bund Petersilie • 300 ml trockenerRotwein • 1 getrocknete rote Chilischote • 3 Nelken • 1 Lobeerblatt • 5 EL Olivenöl • Salz, schwarzer Pfeffer

➤ Das Fleisch und die Leber in 2 cm große Würfel schneiden, mit Küchenpapier trockentupfen. Die Zwiebel und den Knoblauch schälen, in dünne Scheiben schneiden. Petersilie waschen, die Blättchen abzupfen und zur Seite legen, die Stängel klein schneiden.
➤ In einem Topf Rotwein mit 150 ml Wasser, Zwiebel- und Knoblauchscheiben, Petersilienstängeln, zerbröseltem Chillie, Nelken und Lorbeer aufkochen, zugedeckt 20 Min. sieden lassen. ➤ Das Öl in einer großen Pfanne erhitzen, Filet- und Leberwürfel bei starker Hitze in 4–5 Min. anbräunen. Leber und Fleisch mit Salz und Pfeffer würzen. Den Weinsud durch ein Sieb dazugießen und 5 Min. offen einkochen. Die Petersilienblättchen grob hacken und

Rosado de Navarra (Spanien)

€

Kräftige, fruchtige Roséweine, früher aus Garnacha-, jetzt mehr und mehr aus Cabernet-Sauvignon-Trauben gekeltert. Ähnliche findet man auch in der Rioja Baja. Idealer Picknickwein!

Region: Navarra

Rebsorte: klassisch: Garnacha (Grenache), modern: Cabernet Sauvignon

Serviertemp.: 10°C

Farbe: helles Kirschrot

Duft: Garnacha: rote Früchte (Himbeeren, Kirschen), Cabernet: eher schwarze Beeren (Johannisbeeren, Brombeeren), Gewürze, Kräuter

Geschmack: kräftig, fest, ausdrucksvoll nach Kirschen, Konfitüre, schmecken lebhaft und rund, ideal für warme Sommerabende

Gerichte: Vorspeisen (Tapas), Salate, Gemüsesuppen, Fische und Meeresfrüchte

Eier nach Navarra-Art (Huevos al plato à la Navarra)

➤ ***Vorspeise für 4 Personen:***

600 g reife Tomaten • 3 Knoblauchzehen • 2 kleine getrocknete Chilischoten • schwarzer Pfeffer • Koriander • 2 EL Olivenöl • Salz • 2 EL gehackte Petersilie • 4 Eier • 8 dünne Scheiben Chorizo(spanische Paprikawurst) • 50 g frisch geriebener Manchego-Käse (oder Parmesan)

➤ Stielansätze der Tomaten entfernen. Die Tomaten kurz überbrühen, häuten, quer halbieren und entkernen. Das Fruchtfleisch würfeln. Den Knoblauch schälen und hacken. Chillies, Pfeffer und Koriander im Mörser zerstoßen. Backofen auf 180° vorheizen. 4 flache ofenfeste Förmchen mit etwas Öl ausstreichen. ➤ In einem Topf das übrige Olivenöl erhitzen, zerstoßene Gewürze kurz anrösten, Knoblauch und Tomaten dazugeben, 8–10 Min. bei mittlerer Hitze dünsten, bis die Tomaten zerfallen sind. Mit Salz und Pfeffer abschmecken, die gehackte Petersilie einrühren. ➤ Die Tomatensauce auf die Förmchen verteilen. Jeweils ein Ei darüber aufschlagen, daneben die Chorizoscheiben verteilen und den Käse darüber streuen. Im Ofen (oben, Umluft 160°) 15–20 Min. backen, das Eigelb soll noch weich bleiben. Sofort mit Weißbrot servieren.

Rosato di Sicilia (Italien)

€	Angenehmer, neutraler, aber schöner Sommerwein aus Trauben von den sonnigen Hügeln von Menfi an der Südküste Siziliens
Region:	Sizilien, Südküste
Rebsorte:	Nero d'Avola
Serviertemp.:	10–12°C
Farbe:	zartes Kirschrot
Duft:	verhalten nach Himbeeren (Drops), hellen Kirschen, Konfitüre
Geschmack:	frisch und angenehm, fruchtig-herb nach hellen Kirschen, zarte Säure, zart bitter nach Mandeln
Gerichte:	Antipasti (gebratene Gemüse), Fisch mit würzigem Fleisch (Sardinen), Meeresfrüchte, Pasta mit leichter Gemüsesauce, helles Fleisch und Geflügel

Sardinenfilets sizilianische Art (Sarde alla siciliana)

Für 4 Personen:

250 g rohe Sardinenfilets mit Haut (tiefgekühlt) • 2 TL Zitronensaft • 2 rote Paprikaschoten • je 10 schwarze und grüne Oliven • 1 große Zwiebel • 2 Knoblauchzehen • 4 EL Olivenöl • Salz, schwarzer Pfeffer • 1 EL Mehl • 100 g Tomatenpüree (Tetrapack) • 1 Schuss Weißwein • 1/2 TL getrockneter Oregano • 2 EL gehackte Petersilie

➤ Sardinenfilets kalt abspülen, mit Zitronensaft beträufeln und auftauen lassen. Die Paprikaschoten waschen, halbieren, putzen und in feine Streifen schneiden. Olivenfleisch in Streifen vom Kern schneiden. Zwiebel und Knoblauch schälen, fein hacken. ➤ In einer großen Pfanne 2 EL Öl erhitzen. Die Sardinenfilets trockentupfen, salzen, pfeffern und mit Mehl bestäuben. Zuerst auf der Haut-, dann auf der Fleischseite bei mittlerer Hitze in 4–5 Min. knusprig braten. Aus der Pfanne heben. ➤ Restliches Öl in die Pfanne geben und Zwiebel, Knoblauch, Paprikastreifen und Oliven 5 Min. dünsten. Tomatenpüree und Weißwein dazugießen, aufkochen. Mit Salz, Pfeffer, Oregano und Petersilie würzen. Die Filets auf das Gemüse legen und kurz erhitzen, sofort servieren.

Rosé de Corse (Frankreich)

€	Ordentliche, leichte Sommerweine aus regionalen Rebsorten. Gut gekühlt servieren.
Region:	Korsika
Rebsorten:	Sciacarello, Nieluccio, Barbarossa u.a.
Serviertemp.:	6–8°C (gut gekühlt)
Farbe:	helles Lachsrot
Duft:	verhalten nach gelben Kirschen, Sauerkirschen, hellen Blüten, Meerwasser, geraspelten Möhren
Geschmack:	frisch, würzig, frisch-fruchtig nach hellen Kirschen, rohem Gemüse (Paprikaschoten), zarte prickelnde Säure, dezenter Bittermandelton
Gerichte:	leichte Mittelmeergerichte, Nudeln mit Tomatensauce, Fische mit würzigem Fleisch (gebraten oder gegrillt), Meeresfrüchte

Nudelauflauf aus Korsika (Stufatu)

➤ ***Für 4 Personen:***

750 g reife Tomaten • 150 g roher Schinken • 150 g braune Champignons • 1 Bund gemischte Kräuter • 2 Knoblauchzehen • 400 g Bandnudeln • Salz • 300 g Crème fraîche • schwarzer Pfeffer, Cayennepfeffer • 100 g frisch geriebener Pecorino oder Parmesan

➤ Stielansätze der Tomaten entfernen. Tomaten kurz überbrühen, häuten und entkernen, das Fruchtfleisch in Würfel schneiden. Schinken in Streifen schneiden. Pilze säubern und in feine Scheiben schneiden. Kräuter waschen, die Blättchen fein hacken. Knoblauch schälen und fein würfeln. ➤ Backofen auf 220° vorheizen. ➤ Die Nudeln in Salzwasser nach Packungsangabe bissfest garen. Die Nudeln abgießen und abtropfen lassen, mit Schinken, Pilzen, Tomaten, Knoblauch, Kräutern und Crème fraîche vermischen, mit Salz, Pfeffer und Cayennepfeffer pikant abschmecken. ➤ Auf hitzefeste Teller verteilen und mit dem geriebenen Käse bestreuen. Im Ofen (Mitte, Umluft 200°) 15 Min. überbacken. Heiß servieren.

Schillerwein (Deutschland)

€ Spezialität aus Württemberg, für die der Most von weißen und roten Trauben gemeinsam vergoren wird. Der rosa »schillernde« Wein muss wenigstens ein Qualitätswein sein und schmeckt gut gekühlt als Brotzeitwein.

Region:	Württemberg
Rebsorten:	verschiedene rote und weiße Sorten
Serviertemp.:	8°C
Farbe:	helles Lachsrot, manche leicht perlend
Duft:	verhalten, hellrote Beeren (Himbeeren, Johannisbeeren)
Geschmack:	fruchtig mit frischer, kerniger Säure, viele sind leicht lieblich (wenn nichts auf dem Etikett steht)
Gerichte:	Brotzeiten mit Wurst, Maultaschen, Spätzle mit gebräunten Zwiebeln, Sauerkraut

Fränkischer Wurstsalat

Für 4 Personen:
250 g kalte Pellkartoffeln vom Vortag • 3 EL Pflanzenöl • Salz, schwarzer Pfeffer • 150 g schwarzer Presssack • 150 g weißer Presssack • 200 g kleine Essiggurken (Cornichons) • 2 hart gekochte Eier • 1 Bund Schnittlauch • 100 g eingelegte rote Paprikastreifen • 1 TL mittelscharfer Senf • 2 EL Weißweinessig

➤ Die Pellkartoffeln schälen, in dicke Scheiben schneiden und in 1 EL Öl rundum knusprig braten, salzen, pfeffern und aus der Pfanne nehmen, abkühlen lassen. Schwarzen und weißen Presssack in Streifen schneiden. Essiggurken in Scheiben schneiden. Die Eier pellen, halbieren, die Eigelbe herausnehmen. Schnittlauch waschen und in kleine Röllchen schneiden. ➤ Kartoffeln, Wurststreifen, Essiggurken und Paprikastreifen mischen. ➤ Die Eigelbe mit 2 EL Öl zerdrücken, Senf, Essig und Schnittlauchröllchen unterrühren. Die Sauce unter die übrigen Zutaten mischen, mit Salz und Pfeffer bei Bedarf nachwürzen. Die hart gekochten Eiweiße fein hacken und zum Schluss über den fertigen Salat streuen.

Spätburgunder Weissherbst (Deutschland)

€	Fruchtiger Roséwein, der nur aus einer Rotweinrebsorte gekeltert werden darf. Muss Qualitäts- oder Prädikatswein sein. Gut gekühlt für Gartenfeste.
Region:	vorwiegend Baden
Rebsorte:	Blauer Spätburgunder
Serviertemp.:	8°C
Farbe:	helles Rosé, manche kupfer- oder zwiebelfarben
Duft:	verhalten, fruchtig, zart nach roten Johannisbeeren, manchmal Quitten
Geschmack:	frisch mit kräftiger Säure, meist angenehm ausgewogen, manche sind etwas seicht, kernige kommen vom Kaiserstuhl und vom Bodensee. Wird in Baden auch »Händelestifter« genannt (bei zu großen Mengen bricht man leicht einen Streit vom Zaun).
Gerichte:	Brotzeit (mit Schwarzwälder Schinken), Salate mit Fleisch (Wildsalate), Terrinen, Fische (gebraten), Innereien, helles Fleisch (als Ragout) und Geflügel

Saures Leberle

➤ ***Für 4 Personen:***

500 g Kalbsleber in Scheiben • 1–2 EL Mehl • 1 große Zwiebel • 2 EL Butter • 1 EL Öl • 2–3 EL Weißweinessig • 200 ml trockener Weißwein oder Rosé • Salz, schwarzer Pfeffer • 50 g Sahne • 2 EL gehackte Petersilie

➤ Die Leberscheiben kalt abspülen und mit Küchenpapier trockentupfen, eventuell Häute und Adern entfernen. Die Leber in 1 cm breite Streifen schneiden, dünn mit Mehl bestäuben. ➤ Die Zwiebel schälen und in Streifen schneiden. In einer Pfanne die Butter mit Öl erhitzen, die Leberstreifen bei mittlerer Hitze unter Rühren 2–3 Min. anbraten. Die Zwiebelstreifen dazugeben und braten, bis sie leicht gebräunt sind. ➤ Essig und Wein angießen, mit Salz und Pfeffer würzen. 5 Min. offen bei schwacher Hitze leise kochen lassen, bis die Sauce etwas angedickt ist. Die Sahne in die Sauce rühren, abschmecken und mit Petersilie bestreut servieren.

Tavel (Frankreich)

€ €

Weintyp:	Sehr trockener, kräftiger Sommerwein, gilt als bester Rosé Frankreichs. Typisch ist die weiße, flötenartige Flasche. Schmeckt ein bis zwei Jahre nach der Ernte und gekühlt am besten.
Region:	Côtes du Rhône
Rebsorten:	Grenache u.a.
Serviertemp.:	10–12°C
Farbe:	lachsfarben bis hellrot
Duft:	fruchtig nach Himbeeren (Drops), Erdbeeren, Kirschen und Pfirsichen
Geschmack:	lebendiger, pikanter Wein mit angenehmer Säure, schmeckt nach reifen Himbeeren, zart nach Hagebutten, Oliven, Wacholderbeeren, manche fast salzig
Gerichte:	kräftig gewürzte Gerichte der Mittelmeerküche, Innereien (Kalbsbries, Nieren), Lamm, Geflügel und Käse (reifer Ziegenkäse)

Lammkoteletts mit Ratatouille
(Côtelettes d'agneau à la provençale)

Für 4 Personen:

12 Lammkoteletts • 1 Aubergine • 1 Zucchino• 2 rote oder gelbe Paprikaschoten • 1 Zwiebel • 2–3 Knoblauchzehen • 3 EL Olivenöl • Salz, schwarzer Pfeffer • 1 Lorbeerblatt • je 1/2 TL getrockneter Thymian, Oregano und Rosmarin • 300 g reife Tomaten • 8 grüne Oliven

➤ Koteletts mit Küchenpapier trockentupfen. Gemüse waschen und putzen, Aubergine in dicke Würfel, Zucchino in Scheiben, Paprikaschoten in Streifen schneiden. Zwiebel und Knoblauch schälen, würfeln. Backofen auf 75°C vorheizen. ➤ Das Olivenöl erhitzen, bei starker Hitze die Koteletts 2 Min. auf jeder Seite braten, salzen, pfeffern und abgedeckt im Ofen (Mitte, Umluft 60°) warm halten. ➤ Gemüse, Zwiebel und Knoblauch im verbliebenen Öl bei mittlerer Hitze 6 Min. anbraten. Ein wenig Wasser dazugießen, mit Salz, Pfeffer, Lorbeer und Kräutern würzen. Zugedeckt bei schwacher Hitze 15 Min. garen. Stielansätze der Tomaten entfernen. Die Tomaten kurz überbrühen, häuten, halbieren und entkernen. Fruchtfleisch würfeln und mit den Oliven zum Gemüse rühren, kurz erhitzen. Koteletts mit Ratatouille servieren.

Trollinger Weissherbst (Deutschland)

€	Leichter, gut bekömmlicher Rosé für gesellige Sommerabende. Unkompliziert, gut gekühlt jung trinken.
Region:	Württemberg
Rebsorte:	Trollinger
Serviertemp.:	10–12°C
Farbe:	lachsrosa, helles Rot
Duft:	Johannisbeeren, helle Kirschen, Mirabellen, manche zart nach Kirschkernen oder Bittermandeln
Geschmack:	süffig, fruchtig-kräutrig mit dezenter bis kräftiger Säure, meist leicht und nicht sehr gehaltvoll. Gute schmecken leicht erdig (die Schwaben nennen das »Bodeng'fährtle«).
Gerichte:	Brotzeit, Fisch mit hellem Fleisch, leichte Fleischgerichte (Kalb, Geflügel) – oder einfach als Schoppenwein

Riedemer Gemootz (Fleisch-Kartoffelpfanne)

➤ ***Für 4 Personen:***

750 g fest kochende Kartoffeln • 500 g gekochtes Rindfleisch (Reste) • 1 große Zwiebel • 4 Eier • 2–3 EL Milch • Salz, schwarzer Pfeffer • 3 EL Butterschmalz • 1/2 TL gerebelterMajoran • 1 Bund Schnittlauch

➤ Kartoffeln waschen und als Pellkartoffeln garen. Abgießen, abkühlen lassen und pellen. In Scheiben schneiden. Das Fleisch ohne Fettreste in schmale Streifen schneiden. Die Zwiebel schälen und fein hacken. Die Eier mit Milch, etwas Salz und Pfeffer verquirlen. ➤ In einer großen Pfanne das Butterschmalz erhitzen, die Zwiebel 3–4 Min. anbraten. Die Fleischstreifen dazugeben und kurz anrösten. Die Kartoffelscheiben untermischen, ebenfalls kurz anbraten. Mit Salz, Pfeffer und Majoran würzen, die verquirlten Eier darüber gießen und bei mäßiger Hitze in 7–10 Min. stocken lassen. ➤ Schnittlauch waschen und in feine Röllchen schneiden. Über die Kartoffelpfanne streuen und warm mit Preiselbeeren und grünem Salat servieren.

White Grenache, White Cabernet (Neue Welt)

€ Halbtrockener »Fun-Wine« aus Kalifornien und Chile, der gut gekühlt, sogar mit Eiswürfeln, ein lustiger Sommerwein ist. Jung trinken. »White« wird ein Rosé aus Rotweintrauben genannt.

Region: Kalifornien, Chile, Israel
Rebsorte: Grenache oder Cabernet Sauvignon
Serviertemp.: 6–8°C
Farbe: helles, himbeerfarbenes Rosa
Duft: intensiv nach Himbeeren (Grenache) oder Johannisbeeren (Cabernet)
Geschmack: frisch, saftig-fruchtig, mild-lieblich, oft gehaltvoll mit kräftiger, kerniger Säure
Gerichte: als Aperitif mit Eiswürfeln und frischer Minze, zu vielen scharf bis sehr scharf gewürzten Gerichten, Chili con carne, Tortillas, Spareribs

Putensteaks mit Senfkruste und Chilibohnen
(Bistec de pavo)

➤ ***Für 4 Personen:***

8 kleine Putensteaks (600 g) • Salz, schwarzer Pfeffer • 2 EL grob körniger Senf • 2 EL saure Sahne • 1/4 TL Cayennepfeffer • 6–8 EL Instant-Polentagrieß • 1/2 TL getrockneter Thymian • 4 EL Butterschmalz • 2 Dosen rote Kidney-Bohnen • 4 EL scharfe Chilisauce (Fertigprodukt) • 2–3 Spritzer Tabascosauce • 2 EL gehacktes Koriandergrün oder Petersilie

➤ Die Putensteaks mit Küchenpapier trockentupfen und zwischen Klarsichtfolie mit der flachen Seite des Fleischklopfers kräftig klopfen. Salzen und pfeffern. ➤ Den Senf mit Sahne und Cayennepfeffer verrühren. In einem flachen Teller Polentagrieß mit zerriebenem Thymian vermischen. ➤ Butterschmalz in einer Pfanne erhitzen. Die Putensteaks mit Senfsahne bestreichen und in der Polentamischung wenden, die Panierung fest andrücken. ➤ In einer Pfanne Butterschmalz erhitzen, die Steaks in 5 Min. pro Seite goldbraun braten, dabei vorsichtig wenden. ➤ Die Bohnen abtropfen lassen und mit Chilisauce und Tabasco erhitzen. Die Steaks auf Tellern verteilen, die Bohnen daneben anrichten und mit Koriandergrün bestreut servieren.

Barbera d'Alba, d'Asti (Italien)

€–€ €	Leichte, preiswerte Alltagsweine wie auch wunderbare, voluminöse Weine, gute sind sehr fruchtig, haben eine kräftige Säure, aber eher zurückhaltende Tannine. Schon jung gut zu trinken.
Region:	Piemont (Alba, Asti)
Rebsorte:	Barbera
Serviertemp.:	16°C
Farbe:	dunkles, sattes Rot, ältere zeigen ziegelfarbene Töne
Duft:	rote oder schwarze Kirschen, eingelegte oder getrocknete rote Früchte (Pflaumen), Leder, Lakritz, Kakao
Geschmack:	fruchtig-saftig, trocken, nach gekochten roten Früchten, manche lebhaft bis prickelnd, fast süß und schokoladig
Gerichte:	Gemüsesuppen (Minestrone), Pasta mit Tomatensauce, dunkles Fleisch (Rind, Lamm, Wild), Schmorgerichte, Geflügel mit dunklem Fleisch (Fasan)

Spaghetti auf Holzfällerart
(Spaghetti alla boscaiola)

➤ ***Für 4 Personen:***

1 kleine Aubergine • Salz • 150 g frische Waldpilze (Steinpilze, Pfifferlinge, Trompetenpilze) • 500 g Tomaten • 3 Knoblauchzehen • 4–5 EL Olivenöl • schwarzer Pfeffer • 400 g Spaghetti • 1 Bund Basilikum

➤ Die Aubergine waschen, putzen und in Würfel schneiden. Mit Salz bestreuen und etwas ziehen lassen. ➤ Die Pilze säubern, putzen und in Scheiben schneiden. Stielansätze der Tomaten entfernen. Tomaten kurz überbrühen, häuten und entkernen, in Stücke schneiden. Den Knoblauch schälen und hacken. ➤ Die Auberginenwürfel trockentupfen. In einer Pfanne Olivenöl erhitzen, Auberginen bei starker Hitze kurz anbraten, die Hitze zurückschalten und die Pilze dazugeben, anschmoren. Knoblauch und Tomaten dazugeben, salzen und pfeffern, zugedeckt 20 Min. schmoren lassen. ➤ Inzwischen die Nudeln in reichlich Salzwasser bissfest kochen, abgießen und abtropfen lassen. Mit der Sauce und gehacktem Basilikum vermischen und heiß servieren.

Bardolino (Italien)

€

Beliebter, unkomplizierter Schoppenwein, am besten jung und frisch trinken. Stammt der Wein aus dem Bereich um das Dorf Bardolino, wird er »Classico« genannt. Gibt es auch als »Novello«, die Alternative zum Beaujolais Nouveau.

Region: Venetien, Gardasee
Rebsorten: Corvina, Rondinella, Molinara und Negrara.
Serviertemp.: 14°C (leicht gekühlt)
Farbe: mittleres Kirschrot mit zart violetten Tönen
Duft: fruchtig, Himbeeren, rote Kirschen, Konfitüre, rote Gummibärchen, Kirschkerne, Wiese, Farn
Geschmack: trocken, leicht parfümiert, sehr traubenfruchtig mit zarter Säure, grün-kräutrig, leicht herber, zartbitterer Nachgeschmack
Gerichte: Antipasti (Wurst, Schinken), Pasta mit Fleischsauce, helles Fleisch, Geflügel (Ente), Kaninchen, Classico Superiore auch zu dunklem Fleisch und Wild

Kalbsschnitzelchen mit Tomaten
(Scaloppine al pomodori)

➤ ***Für 4 Personen:***

8 kleine dünne Kalbsschnitzel à 75 g • 2 Knoblauchzehen • 3 EL Olivenöl • Salz, schwarzer Pfeffer • 750 g reife Tomaten • 1 EL Kapern • 4 Stängel Basilikum • 1 EL Aceto balsamico • 2 EL Butterschmalz

➤ Die Kalbsschnitzel ganz dünn klopfen. Knoblauch schälen und durchpressen, mit der Hälfte vom Olivenöl verrühren. Schnitzel salzen und pfeffern, mit dem Knoblauchöl einreiben. Backofen auf 75° vorheizen, Teller vorwärmen. ➤ Stielansätze der Tomaten entfernen. Tomaten kurz überbrühen, häuten, quer halbieren und entkernen. Das Fruchtfleisch würfeln. Kapern hacken, Basilikum waschen und die Hälfte der Blättchen hacken. Kapern, gehacktes Basilikum, Tomate, Aceto balsamico, restliches Olivenol, Salz und Pfeffer verrühren, beiseite stellen. ➤ In einer Pfanne das Butterschmalz erhitzen. Schnitzel bei starker Hitze 2–3 Min. auf jeder Seite braten und auf die Teller legen. Die Tomatenwürfel in der Pfanne kurz erhitzen, über die Schnitzel gießen und mit restlichem Basilikum garnieren.

Barolo (Italien)

€€€	Voller, kräftiger Rotwein, berühmt (leider oft zu teuer). Die Weine halten sich zehn Jahre und mehr. Die Flasche 2–3 Stunden vorher öffnen.
Region:	Piemont (Provinz Cuneo)
Rebsorte:	Nebbiolo (Unterarten Michet, Lampia, Rosé)
Serviertemp.:	16–18°C
Farbe:	dunkles, manchmal fast schwarzes Kirschrot
Duft:	kräftig nach roten Kirschen, gekochten Früchten, reifen, schwarzen Beeren, Pflaumen, Veilchen, Rosen, Laub und Gewürzen (Zimt, Muskat)
Geschmack:	bessere sind kräftig, intensiv und vielschichtig mit ausgeprägten (bis rauhen) Tanninen, schmecken wie Lakritz und Pflaumenmus
Gerichte:	kräftige Braten (Schwein, Kalb, Rind), Schmorgerichte, Wild, Fleischfondue

Rehragout mit Gemüse (Ragù di capriolo)

➤ ***Für 4 Personen:***

750 g Rehragout • Salz, schwarzer Pfeffer • 2 EL Mehl • 2 Zwiebeln • 3 Möhren • 30 g Butterschmalz • 250 ml kräftiger Rotwein • 125 ml Fleischbrühe • 5 Wacholderbeeren • 3 Pimentkörner • 3 Nelken • 2 EL gehackte Petersilie

➤ Rehragout waschen, mit Küchenpapier trockentupfen. Salzen, pfeffern und in Mehl wenden. Überschüssiges Mehl abklopfen. Zwiebeln schälen und in Streifen schneiden. Die Möhren waschen, schälen und in Scheiben schneiden. ➤ Im Schmortopf Butterschmalz erhitzen, bei mittlerer bis starker Hitze zuerst die Fleischwürfel, dann Zwiebeln und Möhren anbräunen. ➤ Wein und Brühe angießen, den Bratfond unter Rühren loskochen. Mit Wacholderbeeren, Piment und Nelken würzen. Zugedeckt bei schwacher Hitze 1 1/2 Stunden schmoren. Das Ragout mit Salz abschmecken und mit Petersilie bestreut servieren.

Beaujolais (Frankreich)

€–€ € Bezaubernd frische und sehr fruchtige Schoppenweine mit mäßigem Tanningehalt. Neben dem jung zu trinkenden Beaujolais Primeur (Nouveau) gibt es Beaujolais-Villages und Crus-Lagen (z.B. Fleurie, Morgon, Moulin-à-Vent), die lagern dürfen.

Region: Burgund (Beaujolais)
Rebsorte: Gamay
Serviertemp.: 10–12°C (gekühlt)
Farbe: leuchtendes Kirschrot mit Stich ins Violette
Duft: Himbeeren, Erdbeeren, Kirschen, Nüsse, Pfeffer
Geschmack: süffig, lecker mit kräftiger Säure wie Himbeerdrops, ein Beaujolais-Villages ist kräftiger, gerbstoffbetonter. Reife Crus des Beaujolais ähneln Burgunder.
Gerichte: Primeur zu frischen Walnüssen oder Zwiebelkuchen, Beaujolais-Villages zu deftigen Gerichten (mit Schinken oder Speck), Mittelmeerfischen, Meeresfrüchten, Käse (Weichkäse, beispielsweise Camembert)

Kalbfleisch nach Art der Schiffer
(Etuvée de veau à la marinière)

➤ ***Für 4 Personen:***
750 g Kalbsschulter • 3 Zwiebeln • Salz, weißer Pfeffer • 2 EL Mehl • 4 EL Butter • 250 ml kräftiger Rotwein (Beaujolais-Villages) • 1 Kräutersträußchen (3 Petersilienstängel, 2 Thymianzweige, 1 Lorbeerblatt in ein grünes Lauchblatt gewickelt und mit Küchengarn gebunden) • 100 g Crème fraîche

➤ Das Fleisch in 3 cm große Würfel schneiden und trockentupfen. Die Zwiebeln schälen und in dünne Scheiben schneiden. Fleisch mit Salz und Pfeffer würzen, in Mehl wenden. ➤ In einem Schmortopf die Butter erhitzen, die Fleischwürfel bei mittlerer Hitze in 10 Min. rundum hellbraun anbraten. Zwiebeln dazugeben und braten, bis alles nussbraun ist. Den Wein angießen, Kräutersträußchen dazugeben, salzen und pfeffern. Zugedeckt bei schwacher Hitze 40 Min. schmoren. Das Kräutersträußchen entfernen, die Crème fraîche unterrühren, das Ragout abschmecken und noch 5 Min. ziehen lassen.

ROTWEINE

Blaufränkisch (Österreich)

€	Ordentliche Schoppenweine aus dem Burgenland. In Deutschland heißt die Rebsorte »Lemberger«, in Ungarn »Kékfrankos«.
Region:	Burgenland
Rebsorte:	Blaufränkisch
Serviertemp.:	14–16°C (eher leicht kühl)
Farbe:	mittleres bis dunkles Kirschrot mit violetten Tönen
Duft:	zart nach reifen roten Kirschen, Himbeeren, Kirschkernen, Kräutern, leicht erdig (nach Kalk, Ton)
Geschmack:	erst fruchtige Säure wie Himbeerkonfitüre, dann weich und saftig nach Kirschen mit nicht zu strengen Tanninen, zart Kirschkerne im Nachgeschmack. Es gibt auch wuchtige, in Eichenfässchen ausgebaute.
Gerichte:	Brotzeit (mit Wurst und Schinken), geschmortes Gemüse, Fische (Forelle), Geflügel (Ente) gebraten oder geschmort, Fleisch vom Grill

Krautwickerl mit Reis und Speck

➤ ***Für 4 Personen:***

1 großer Weißkohl • Salz • 150 g Langkorn-Reis • 2 Zwiebeln • 100 g würziger, durchwachsener Speck • 4 EL Öl • 2 EL Tomatenmark • 2 EL gehackte Petersilie • schwarzerPfeffer • 1/2 TL gemahlener Piment • 500 ml leichte Fleischbrühe • 2 EL Paprikapulver, edelsüß • 1–2 EL Mehl • 100 g Schmand

➤ Weißkohl mit Salzwasser bedeckt aufkochen, 10–15 Min. kochen, herausheben und 16 Blätter ablösen. Reis mit heißem Wasser übergießen, 10 Min. quellen lassen. Zwiebeln schälen und und mit dem Speck fein würfeln, in 2 EL Öl bei mäßiger Hitze in 7 Min. goldgelb dünsten. Reis abtropfen lassen und zu den Speckzwiebeln geben. Mit knapp 2 Tassen Wasser bedecken, salzen und zugedeckt bei schwacher Hitze 10 Min. garen, bis das Wasser aufgenommen ist. Vom Herd nehmen, Tomatenmark, Petersilie, Pfeffer und Piment unterrühren. Weißkohlblätter mit Speck-Reis füllen, aufrollen und in 2 EL Öl rundum kräftig anbräunen. Brühe angießen, Paprikapulver einrühren, zugedeckt 1 Std. schmoren. Mehl mit etwas kaltem Wasser anrühren, zur Sauce geben und aufkochen. Schmand einrühren und noch 5 Min. ziehen lassen.

Bordeaux (Frankreich)

€ €	Die Spitzenweine des Bordelais gehören zu den besten (und teuersten) Weinen der Welt. Aber von deren Ruf profitieren auch recht unscheinbare Tröpfchen mit der Herkunftsbezeichnung Bordeaux. Hier hilft nur: probieren und sich beraten lassen.
Region:	Bordeauxgebiet (Bordelais)
Rebsorten:	Cabernet Sauvignon, Merlot, Cabernet Franc u.a.
Serviertemp.:	16°C
Farbe:	dunkles, dichtes Kirschrot mit violetten Tönen
Duft:	herbe schwarze Beeren (schwarze Johannisbeeren, Brombeeren, Schlehen), schwarze Schokolade, Trüffel, Leder, Tabak, Gewürze
Geschmack:	reicht von »altes Holzfass mit Autoreifen« bis »mundfüllend beerige Aromen von Brombeeren, Dörrpflaumen und schwarzer Schokolade, reife, feine Tannine und endlos langer Nachgeschmack«
Gerichte:	dunkles Fleisch, gebraten oder vom Grill, Schmorgerichte

Lamm mit Pilzen und Trüffel (Agneau à la bordelaise)

➤ ***Für 4 Personen:***

700 g mageres Lammfleisch (Keule, Hüfte) • 4 g getrocknete Steinpilze • 4 Schalotten • 2 Knoblauchzehe • 4 dünne Möhren • 4 EL Butterschmalz • 2 EL Tomatenmark • 300 ml kräftiger Rotwein (Bordeaux, Médoc) • Salz, grober schwarzer Pfeffer • 2 Lorbeerblätter • 10 Pimentkörner • 2 TL schwarze Trüffelpaste (aus dem Glas)

➤ Das Fleisch mit Küchenpapier trockentupfen, in 5 cm große Stücke schneiden. Die Steinpilze in 150 ml warmem Wasser einweichen. Schalotten schälen und fein würfeln. Knoblauch schälen. Möhren waschen und schälen, in 1 cm lange Stücke schneiden. ➤ Das Butterschmalz erhitzen, die Fleischstücke bei mittlerer Hitze in 7–10 Min. rundum anbräunen. Schalotten und Möhren dazugeben, leicht anbraten, Knoblauch dazupressen, Tomatenmark einrühren. Steinpilze samt Brühe und Wein dazugeben, etwas einkochen lassen. Mit Salz, Pfeffer, Lorbeer und Piment würzen. Zugedeckt bei schwacher Hitze 2 Std. schmoren lassen. Die Trüffelpaste einrühren, kurz erhitzen und die Sauce abschmecken.

Bourgogne (Frankreich)

€ €	Burgunder, besonders die der Côte de Nuits, gehören wie Bordeaux-Weine zu den edlen Rotweinen. Sie sind jedoch weicher, samtiger und früher trinkreif.
Region:	Bourgogne (Burgund)
Rebsorten:	Pinot Noir (Spätburgunder) oder Gamay
Serviertemp.:	16°C
Farbe:	Kirschrot, teils blau-violetter Schimmer
Duft:	fruchtig nach reifen Himbeeren, Erdbeeren, roten Johannisbeeren, regennassem Himbeerbusch, Kakao, manchmal Veilchen, Gummi
Geschmack:	fruchtig, fast süß, junge frisch-fruchtig nach reifen Himbeeren mit etwas Erdbeer- und Kirschsaft, reife würzig-elegant mit kräftiger Statur
Gerichte:	einfache Burgunder zu vielen Alltagsgerichten, bessere zu dunklem Fleisch und gebratenem Geflügel

Burgunder Schmorfleisch (Bœuf bourguignon)

➤ ***Für 4 Personen:***

800 g Rindfleisch (Schulter) • 350 ml Rotwein (Burgunder) • 1 Zwiebel • 1 Knoblauchzehe • 100 g durchwachsener Speck • 2 EL Öl • 4 EL Butter • 1 EL Mehl • 200 ml kräftige Rinderbrühe • 1 Kräutersträußchen (3–4 Petersilienstängel, 2 Thymianzweige, 1 Lorbeerblatt, mit Küchengarn gebunden) • Salz, schwarzer Pfeffer • 150 g Schalotten

➤ Rindfleisch in große Stücke schneiden, mit Rotwein übergießen, zugedeckt 3–4 Std. marinieren. Fleisch abtropfen lassen, Marinade auffangen. Zwiebel und Knoblauch schälen, würfeln. Speck in Streifen schneiden. Fleisch trockentupfen. Öl und 2 EL Butter erhitzen, Speckstreifen anbraten, herausheben. Fleisch rundum anbraten, Zwiebel und Knoblauch dazugeben, mit Mehl bestreuen und nussbraun rösten. Marinade und Brühe angießen, unter Rühren aufkochen lassen. Speck und das Kräutersträußchen zum Fleisch geben, salzen, pfeffern und zugedeckt bei schwacher Hitze 2 Std. schmoren lassen. ➤ Die Schalotten schälen. Restliche Butter erhitzen und die Schalotten 5 Min. anbraten. Unter das Fleisch mischen und noch 30 Min. schmoren. Kräutersträußchen entfernen, Fleisch abschmecken und servieren.

Brunello di Montalcino (Italien)

€€€	Prachtvolle, feste und vielschichtige Weine, die lange Zeit im Fass reifen müssen. Gehören zu den besten und teuersten Weinen Italiens. Etwas preiswerter (und einfacher): Rosso di Montalcino
Region:	Toskana
Rebsorte:	Brunello (Unterart der Sangiovese-Traube)
Serviertemp.:	16–18°C
Farbe:	tiefes, dichtes Rot
Duft:	reiches, volles Aroma nach schwarzen Johannisbeeren, Brombeeren, schwarzem Pfeffer, Rosen, Tabak, ältere duften reifer, fleischiger
Geschmack:	herbwürzig, mächtig, aromenreich, ein guter, reifer Brunello rollt weich über Zunge und Gaumen, ohne Ecken und Kanten, jüngere oder schwächere sind im Gaumen rauh und kratzig
Gerichte:	dunkles Fleisch (Rind, Lamm, Wild), gebraten oder vom Grill, Schmorbraten mit würzigen Saucen (dunklen Rotweinsaucen)

Wildschwein mit Pflaumen (Cinghiale alle prugne)

➤ ***Für 4 Personen:***

100 g Dörrpflaumen ohne Stein • 1 EL Himbeeressig • 400 ml Rotwein • 1/2 TL grober schwarzer Pfeffer • 800 g küchenfertiger Wildschweinrücken ohne Knochen • Salz, schwarzer Pfeffer • 2 EL Olivenöl • 1 frischer Rosmarinzweig

➤ Die Dörrpflaumen mit Essig, 100 ml Rotwein und Pfeffer 1 Std. marinieren. ➤ Den Backofen auf 180° vorheizen. Den Wildschweinrücken mit Küchenpapier trockentupfen, salzen und pfeffern. In einem Bräter Olivenöl erhitzen, das Fleisch bei mittlerer Hitze in 7–10 Min. rundum anbraten. Den Rosmarinzweig waschen und dazugeben, etwas vom übrigen Rotwein angießen. Zugedeckt im Ofen (unten, Umluft 160°) 1 Std. 20 Min. garen, dabei ab und zu mit Rotwein begießen. ➤ Die Pflaumen im Sud erhitzen. Den Braten aus dem Topf nehmen und in Scheiben schneiden. Den Bratfond durch ein Sieb zu den Pflaumen gießen, abschmecken und aufkochen. Die Pflaumen um das Fleisch verteilen, die Sauce darüber gießen und servieren.

Cabernet Sauvignon (Alte und Neue Welt)

€ € Aus Cabernet-Sauvignon-Trauben werden die großartigsten Rotweine der Welt gewonnen, die Spanne reicht von einfachen bis zu schwierigen, lange zu lagernden Spitzenweinen. Weine der »Neuen Welt« sind schon 2–3 Jahre nach der Abfüllung trinkreif.

Region: Heimat Bordeaux, heute alle große Weinbaugebiete
Rebsorte: Cabernet Sauvignon
Serviertemp.: 16°C
Farbe: dunkles Rot mit Stich ins Violette oder Bräunliche
Duft: schwarze Beeren (Johannisbeeren, Brombeeren), grüne Paprikaschoten, Schokolade, Leder, Tusche, Pfeffer, Minze, Melisse, Vanille
Geschmack: sehr füllig und fruchtig nach herben Beeren, zu junge Weine wie Holundersaft mit Tusche, trocknen den Mund aus, reife schokoladig, füllig und warm.
Gerichte: dunkles Fleisch (Rind, Lamm, Wild) gebraten oder geschmort, würzige bis scharfe Schmorgerichte, Chillies

Scharfe Chilibohnen (Red Hot Bean Casserole)

➤ ***Für 4 Personen:***

500 g bunte Paprikaschoten • 2 frische rote Chilischoten • 2 Zwiebeln • 3 Knoblauchzehen • 2 EL Olivenöl • 2 Dose rote Kidney-Bohnen (à 400 g) • Salz, schwarzer Pfeffer • 1 TL gerebelter Oregano • 500 g Tomaten • Fett für die Form • 3 Zweige frische Zitronenmelisse

➤ Paprikaschoten waschen, putzen und würfeln. Chillies aufschlitzen, entkernen und klein hacken. Zwiebeln und Knoblauch schälen, in feine Scheiben schneiden. Backofen auf 175° vorheizen. ➤ 1 EL Olivenöl erhitzen, Zwiebeln und Knoblauch kurz anbraten, Paprika und Chillies dazugeben, 5 Min. schmoren lassen. ➤ Die Bohnen in einem Sieb überbrausen und unter das Gemüse mischen, mit Salz, Pfeffer und Oregano würzen. Tomaten überbrühen, häuten und ohne die Stielansätze in Scheiben schneiden. ➤ Auflaufform fetten, die Hälfte der Tomaten einfüllen, Bohnengemüse darauf verteilen, mit restlichen Tomaten abdecken, salzen, pfeffern und mit übrigem Öl beträufeln. Im Ofen (Mitte, Umluft 160°) 45 Min. backen. Melisse waschen und grob hacken. Über den Auflauf streuen und servieren.

Cahors (Frankreich

€ €	Ein eigenwilliger, »schwarzer« Wein, der dunkelste französische Rotwein überhaupt. In Frankreich immer beliebter, optimal nach fünf bis zwölf Jahren
Region:	Südwest (Sud-Ouest)
Rebsorten:	Malbec (hier Auxerois oder Cot genannt), Merlot, Tannat u.a.
Serviertemp.:	16°C
Farbe:	sehr dunkles, dichtes Rot, manchmal fast schwarz
Duft:	schwarze Beeren (Johannis-, Heidel-, Holunderbeeren), Zimt, manchmal feuchtes Holz
Geschmack:	kraftvoll, sehr dominant und in der Jugend sehr zusammenziehend, nach fünf Jahren Reife weich, lakritzig, erdig mit Trüffelaroma
Gerichte:	dunkles Fleisch (Rind, Lamm, Wild), kräftige Schmorgerichte (Gulasch, Ochsenschwanz)

Hasenpfeffer nach Art der Landes
(Civet de lièvre landais)

Für 4 Personen:

1 kg Hasenschultern • 1 EL getrocknete Steinpilze • 250 g Schalotten • 2 Knoblauchzehen • 50 g roher Schinken • 2–3 EL Butterschmalz • 250 ml würziger Rotwein (Cahors) • 100 ml kräftige Rinderbrühe • 1 Kräutersträußchen (3 Petersilienstängel, 1 frischer Thymianzweig, 1 Lorbeerblatt mit Küchengarn gebunden) • 1/2 Zimtstange • Salz, schwarzer Pfeffer • 2 EL Tomatenmark

➤ Das Hasenfleisch putzen, waschen und trockentupfen. Steinpilze in wenig warmem Wasser einweichen. Schalotten und Knoblauchzehen schälen und in Scheiben schneiden. Schinken klein würfeln. ➤ In einem Schmortopf das Schmalz erhitzen, bei mittlerer Hitze das Fleisch 7–8 Min. rundum anbraten. Das Fleisch aus dem Topf heben, Schalotten, Knoblauch und Schinken in den Topf geben. Die Hasenstücke darauf legen, Rotwein und Brühe angießen. Steinpilze mit Einweichwasser (ohne Bodensatz), Kräutersträußchen und Zimtstange dazugeben, salzen und pfeffern. Zugedeckt bei schwacher Hitze 3 Std. schmoren lassen. Kräutersträußchen entfernen, das Tomatenmark unterrühren und die Sauce abschmecken. Mit Salzkartoffeln servieren.

Châteauneuf-du-Pape (Frankreich)

€ € €	Eigenständiger, fester, »wilder« Wein. Nicht zu jung trinken.
Region:	südliches Rhônetal bei Châteauneuf-du-Pape
Rebsorten:	Grenache, Syrah, Mourvèdre, Cinsault u.a.
Serviertemp.:	16–18°C
Farbe:	sehr dunkles, dichtes Violettrot
Duft:	fleischig, schwarze Beeren, Brombeeren, gekochte Früchte, Pflaumen, Holunderbeeren, Konfitüre, Gewürze (Piment, Zimt), Farn, Eisen
Geschmack:	würzig nach reifen Früchten und Schokolade, kräftige Tannine, kraftvolle Weine mit intensivem Aroma
Gerichte:	dunkles Fleisch (Rind, Wild) geschmort, würzige Gerichte, in Châteauneuf-du-Pape auch zur Fischsuppe

Fischsuppe von der Rhône (Bourride)

➤ ***Für 4 Personen:***

2 Zwiebeln, 8 Knoblauchzehen • 2 große Möhren • 2 Kartoffeln • 2 Stangen Staudensellerie • 6 EL Olivenöl • 700 g Fischfond • 700 g reife Tomaten, 1 Lorbeerblatt • je 1 TL geriebene Orangenschale, Anissamen und getrockneterThymian • 1 Prise Cayennepfeffer • Salz, schwarzer Pfeffer • 500 g helles Fischfilet (Seelachs, Schellfisch) • 2 hart gekochte Eier • 1 Baguette

➤ Zwiebeln und Knoblauch schälen, 4 Knoblauchzehen beiseite legen, restlichen Knoblauch und Zwiebeln fein hacken. Gemüse waschen, Möhren und Kartoffeln schälen und klein würfeln. Sellerie klein schneiden. Im Suppentopf 2 EL Öl erhitzen, Zwiebeln, Knoblauch und Gemüse 5 Min. andünsten. Fischfond zugießen, erhitzen. Stielansätze der Tomaten entfernen. Tomaten kurz überbrühen, häuten und entkernen. Fruchtfleisch würfeln und unterrühren, Gewürze dazugeben, salzen und pfeffern. 30 Min. zugedeckt köcheln lassen. Fischfilet würfeln, dazugeben und 10 Min. erhitzen. ➤ Für die Aiioli Eier halbieren, Eigelbe auslösen und zerdrücken. Restlichen Knoblauch dazupressen, 4 EL Öl nach und nach darunter rühren, salzen und pfeffern. Baguette in Scheiben schneiden, in einer trockenen Pfanne hellbraun rösten. Suppe mit dem Pürierstab nicht zu fein pürieren. Die Baguettescheiben mit Aiioli bestreichen, in Teller legen und die Suppe darüber schöpfen.

Chianti (Italien)

€ €	Trockener, ausgewogener Rotwein, der reifen muss und dann einen angenehmen Brombeergeschmack entwickelt. Leider auch viele weniger gute Chianti im Handel.
Region:	Toskana
Rebsorte:	vorwiegend Sangiovese (mit etwas Canaiolo Nero u.a.)
Serviertemp.:	16–18°C
Farbe:	mittleres Kirschrot, reifere mit ziegelfarbenen Tönen
Duft:	intensiv, schwarze Beeren (Brombeeren, Johannisbeeren, Holunder), fleischig und zart animalisch nach Leder, Sandelholz, Dörrpflaumen; reife duften nach Veilchen
Geschmack:	kräftig und »dickfleischig«, aber meist nicht wuchtig, kräftige Säure und herzhafte Tannine, reifere samtig-weich wie feines Kalbsleder
Gerichte:	Pasta mit Tomatensauce, Fisch mit rotem Fleisch (Lachs), leichte Schmorgerichte mit nicht zu kräftigem Fleisch (Kaninchen), Gemüse (weiße Bohnen) mit Tomaten, Kräutern und schwarzen Oliven

Nudeln mit Oliven und Schafkäse
(Linguine alle olive)

➤ ***Für 4 Personen:***

100 g schwarze, trocken eingelegte Oliven • 3 Knoblauchzehen • 2 Zwiebeln • 2 EL Olivenöl • 200 ml kräftiger Rotwein (Chianti) • 400 g Linguine (ganz schmale Bandnudeln) • Salz, schwarzer Pfeffer • 2 EL gehacktes Basilikum • 100 g frisch gerriebener Pecorino oder Parmesan

➤ Die Oliven entsteinen, das Fruchtfleisch zerschneiden. Knoblauch schälen und grob zerschneiden. Beides im Blitzhacker fein pürieren. Die Zwiebeln schälen und fein hacken. Olivenöl erhitzen und die Zwiebelwürfel bei mittlerer Hitze goldgelb dünsten. Oliven-Knoblauchpüree dazugeben und kurz anschmoren. Den Wein angießen, offen bei schwacher Hitze 15 Min. kochen lassen. ➤ Die Nudeln in Salzwasser bissfest kochen. ➤ Die Sauce mit 1 Prise Salz und Pfeffer abschmecken, das Basilikum unterrühren. Die Nudeln abgießen, abtropfen lassen und mit der Sauce vermischen. Auf Tellern verteilen, mit Pecorino bestreut servieren.

Corbières (Frankreich)

ROTWEINE

€ €	Volle, aromatische und würzige Rotweine aus dem trockensten und windreichsten Gebiet von Frankreich. Sollten wenigstens 5 Jahre gereift sein.
Region:	Languedoc
Rebsorten:	Carignan, Grenache, Syrah, Mourvèdre u.a.
Serviertemp.:	16°C
Farbe:	dunkles, dichtes Rot
Duft:	kräftig nach schwarzen Beeren (Johannisbeeren, Brombeeren), gekochten Früchten, Holz, Asche, Gewürzen (schwarzer Pfeffer, Vanille)
Geschmack:	kräftig, üppig, reife Weine schmecken fruchtig-süß, schmelzend, nach sonnenwarmen Beeren, breiten sich weich im Mund aus
Gerichte:	würzig-deftige Gemüsegerichte, dunkles Fleisch (Rind, Wild, Lamm), gebraten oder geschmort, Braten mit würzigen Saucen, Steaks vom Grill

Steaks mit Schalotten (Entrecôtes aux eschallotes)

Für 4 Personen:

4 Entrecôtes oder Rumpsteaks à 180 g • Salz, schwarzerPfeffer • 2 EL Olivenöl • 150 g Schalotten oder milde Zwiebeln • 1 Knoblauchzehe • 2 EL Butter • 250 ml kräftiger Rotwein (Corbières) • 2 EL Cognac • 2 EL gehackte Petersilie

➤ Die Steaks mit Küchenpapier trockentupfen, den Fettrand bis zum Fleisch einschneiden, damit sich die Scheiben beim Braten nicht aufwölben. Salzen, pfeffern und mit Öl einstreichen. Eine Servierplatte im Backofen (75°, Umluft 60°) vorwärmen. ➤ Schalotten und Knoblauch schälen, klein würfeln. Eine große Grillpfanne oder den Elektrogrill vorheizen. Die Steaks bei starker Hitze 3–5 Min. pro Seite (rosig oder durch) grillen. Auf die Servierplatte legen, im Ofen warm halten. ➤ Die Butter zerlassen, Schalotten und Knoblauch bei mittlerer Hitze 5 Min. anbraten. Rotwein und Cognac angießen, bei starker Hitze auf die Hälfte einkochen lassen, mit Salz und Pfeffer abschmecken. Die Sauce über die Steaks gießen, mit Petersilie bestreut servieren.

Coteaux du Languedoc (Frankreich)

€ Charaktervolle Weine, die man ungern missen möchte. Besonders die Lagen La Clape und Pic Saint-Loup sowie die Costières de Nîmes bringen interessante, erfreuliche Rotweine hervor.

Region: Languedoc
Rebsorten: Grenache, Syrah, Carignan, Mourvèdre u.a.
Serviertemp.: 16°C
Farbe: dunkles dichtes Kirschrot
Duft: schwarze Beeren (Brombeeren, Johannisbeeren, Holunder), gekochte Früchte, schwarze Oliven
Geschmack: eigenständige Weine, mediterran-aufgeschlossen oder noch zartbitter-verhalten (sollten 4 bis 5 Jahre liegen), viele würzig-pfeffrig nach Kräutern
Gerichte: kräftig gewürzte mediterrane Gerichte mit Tomaten, dunkles Fleisch (Rind, Lamm) und Innereien,

Seeteufel auf Sète-Art (Lotte à la sétoise)

➤ ***Für 4 Personen:***

600 g Seeteufel (Lotte) in Scheiben • 500 g reife Tomaten • 3 Knoblauchzehen • 3 EL Olivenöl • Salz, weißer Pfeffer • 100 ml Weißwein • 2 EL Cognac • 1 EL gehackte frische Estragonblättchen • je 1 Prise gemahlener Piment und Safran • 2 EL Butter • 1 EL Zitronensaft

➤ Seeteufel kurz waschen, trocknen. Die Tomaten kurz überbrühen, häuten und entkernen, klein hacken. Knoblauchzehen ungeschält mit einem Messer leicht zerdrücken. ➤ In einer Schmorpfanne das Öl erhitzen, Seeteufel salzen und pfeffern, bei mittlerer Hitze 2–3 Min. pro Seite anbraten, aus dem Öl heben. Die Knoblauchzehen im Öl goldgelb braten. Aus dem Öl heben und wegwerfen, die Tomaten kurz dünsten. Weißwein, Cognac und Estragon unterrühren. Mit Salz, Piment und Safran würzen, aufkochen und zugedeckt bei schwacher Hitze 15 Min. köcheln lassen. ➤ Deckel abnehmen und bei stärkerer Hitze kurz einkochen, die Butter einrühren und die Sauce mit Salz, Pfeffer und Zitronensaft abschmecken. Den Seeteufel in der Sauce kurz erwärmen, auf Tellern verteilen und mit der Sauce übergießen.

Côtes du Rhône (Frankreich)

€	Viele eigenständige Weine bis Spitzenweine, besonders von der nördlichen Rhône (Côtes Rotie). Weine der Côtes du Rhône und die der Côtes du Rhône Villages (Drôme, Vaucluse und Gard) sind meist Cuvées.
Region:	Rhônetal
Rebsorten:	Syrah, Grenache, Mourvèdre u.a.
Serviertemp.:	16°C
Farbe:	dunkles Kirsch- bis Violettrot
Duft:	schwarze Johannisbeeren, Dörrpflaumen, rote Früchte (Himbeeren), Konfitüre, Nüsse (Mandeln), Kräuter (Thymian), teilweise Veilchen
Geschmack:	solide mediterrane Weine, gute schmecken edel und fein, nach reifen Brombeeren und Blättern, Schokolade, Kakao und geröstetem Kaffee
Gerichte:	Wildgeflügel (Perlhuhn), dunkles geschmortes Fleisch (Rind, Lamm und Wild), Ochsenschwanzragout, Käse (Cantal, Edelpilzkäse Bleu de Auvergne)

Lammsteaks mit Kräutern
(Tranches de gigot aux herbes)

➤ ***Für 4 Personen:***

4 Scheiben Lammkeule (mit Knochen) à 180 g (oder doppelte Lammkoteletts) • 1 EL getrockneter Thymian, Rosmarin und Salbei • 3 EL Olivenöl • 4 kleine Zucchini (350 g) • 2 EL Butter • Salz, schwarzer Pfeffer • 250 ml kräftig Rotwein • 1 EL gehackte Petersilie

➤ Lammkeulenscheiben mit den Kräutern bestreuen, fest andrücken, mit 2 EL Olivenöl bestreichen und 30 Min. ruhen lassen. Zucchini waschen, putzen und in Scheiben schneiden. Backofen auf 100° vorheizen. ➤ In einer Pfanne Butter mit restlichem Olivenöl erhitzen. Die Lammkeulenscheiben salzen und pfeffern, bei mittlerer Hitze auf jeder Seite 4–5 Min. anbraten, aus der Pfanne heben und im Ofen (Mitte, Umluft 75°) warm halten. Im Bratfett die Zucchini kurz anbraten, salzen und pfeffern, warm stellen. Den Bratfond mit Rotwein aufkochen, die Zucchini darin schwenken, abschmecken. Zucchini und Sauce über die Lammkeulenscheiben verteilen, mit Petersilie bestreut servieren.

Côtes du Roussillon (Frankreich)

€	Kräftige, eigenständige, mediterrane Weine aus Südfrankreich, an der Grenze zu Spanien. Berühmt sind auch die edelsüßen Weine Banyuls und Rivesaltes.
Region:	Roussillon
Rebsorten:	Syrah, Grenache, Carignan u.a.
Serviertemp.:	16°C
Farbe:	dunkles, dichtes Brombeerrot
Duft:	würzig nach Brombeeren, Kirschen, schwarzen Johannisbeeren, Pflaumen, Holunder, Piment, Kakao, Schokolade, gerösteten Esskastanien
Geschmack:	sehr fruchtig, voller Beerengeschmack, leicht nach Feigen oder Dörrpflaumen, Lakritze
Gerichte:	würzige Gemüse- und Fleischgerichte (Ratatouille, Lammkeule), Fleisch vom Grill oder geschmort, Käse (Edelpilzkäse, Brie de Meaux)

Zwiebelkuchen mit Sardellen (Pissaladière)

➤ ***Für 4 Personen:***

500 g Mehl • 1 TL Trockenhefe • Salz • 6–8 EL Olivenöl • 750 g Tomaten • 2 Zwiebeln • 4–5 Knoblauchzehen • schwarzer Pfeffer • 12 Anchovis- oder Sardellenfilets • 24 schwarze Oliven • 1 Bund provenzalische Kräuter

➤ Das Mehl mit Hefe und 1 TL Salz mischen, mit 300 ml warmem Wasser und 2 EL Olivenöl glatt verkneten, 30 Min. gehen lassen. ➤ Den Backofen auf 250° vorheizen. Tomaten kurz überbrühen, häuten, halbieren und entkernen. Das Fruchtfleisch würfeln. Zwiebeln und Knoblauch schälen, hacken. 2 EL Olivenöl erhitzen, bei mittlerer Hitze Zwiebeln und Knoblauch andünsten, Tomaten zugeben, in 15 Min. dick einkochen, salzen und pfeffern, etwas abkühlen lassen. Anchovis abspülen, trocknen. ➤ Ein Backblech ölen. Den Teig mit geölten Händen darauf zu einem dünnen Fladen ausbreiten. Die Tomatensauce auf dem Teig verteilen, die Anchovis als Gitter darauf legen, die Oliven dazwischen verteilen. Kräuter waschen, die Blättchen fein hacken und darüber streuen, mit restlichem Olivenöl beträufeln. Im heißen Ofen (oben, Umluft 220°) in 15–18 Min. knusprig backen.

Dão Tinto (Portugal)

€	Interessante, trockene, meist sehr ordentlich gemachte Weine aus Portugal, nach dem Fluss Rio Dão benannt. Gibt es auch als Weißwein.
Region:	Mittel-Portugal (Dão-Tal)
Rebsorten:	Touriga Nacional, Tinta Amarela u.a.
Serviertemp.:	16°C
Farbe:	leuchtendes, dunkles Kirschrot
Duft:	Kirschen, Kirschkerne (zart Bittermandeln), gekochte Pflaumen, schwarze Schokolade, schwarzer Pfeffer, zart wie »Kuh im Regen«, feuchte Wiese
Geschmack:	mittelkräftige Rotweine, nach Pflaumen, herben Zwetschgen mit pikanter, pfeffriger Säure, süße Tannine wie Sauerkirsch-Konfitüre, fruchtig-minzig-pfeffrig, angenehmer Kirsch-Nachgeschmack
Gerichte:	Fische mit würzigem Fleisch (Sardinen, Makrelen), gebraten oder gegrillt, pikantes Gemüse (rote Paprikaschoten), dunkles Fleisch in Schmorsauce, Wildfleisch, mit schwarzem Pfeffer gewürzte Gerichte

Würziges Schweinefleisch (Carne de vinho e alhos)

➤ ***Für 4 Personen:***

750 g Schweinegulasch • 5 Knoblauchzehen • 2 Lorbeerblätter • je 1 TL schwarze Pfefferkörner und Kreuzkümmelsamen • 1 getrocknete rote Chilischote • Salz • 500 ml trockener Rotwein • 2 EL Weißweinessig • 4 Zwiebeln • 2 EL Mehl • 4 EL Olivenöl • 1 EL gehackte Petersilie

➤ Schweinegulasch mit Küchenpapier trockentupfen. Knoblauch schälen und grob hacken. Lorbeerblätter mit den Gewürzen und etwas Salz im Mörser grob zerstoßen. Knoblauch und Gewürze über das Fleisch streuen, mit Wein und Essig übergießen und zugedeckt über Nacht im Kühlschrank marinieren. ➤ Die Zwiebeln schälen und hacken. Das Fleisch aus der Marinade heben, trockentupfen und in Mehl wenden. Das Öl erhitzen und Fleisch mittelbraun anbraten. Die Zwiebeln dazugeben und gut bräunen. Den Bratensatz mit der Marinade loskochen, eventuell noch Wasser dazugießen, bis das Fleisch knapp bedeckt ist. 1 1/2 Std. zugedeckt schmoren, abschmecken und mit Petersilie bestreut servieren.

Dôle (Schweiz)

€€	Mittelkräftige, zugängliche Weine mit leichter Süße. Gute sind warm und füllig – und teuer.
Region:	Valais (Wallis)
Rebsorte:	Pinot Noir (Spätburgunder), etwas Gamay
Serviertemp.:	14–16°C
Farbe:	mittleres Himbeerrot, jüngere Stich ins Violette, reifere mit bräunlichen Tönen
Duft:	verhalten nach schwarzen Johannisbeeren (Cassis), reifen Himbeeren, Konfitüre, manche leicht nach Brotrinde oder geschnittenen Äpfeln
Geschmack:	fruchtig mit saftiger Säure (manchmal etwas spitz), süffig bis leicht süßlich, leicht herb und kräutrig, gute schmecken warm, füllig und saftig nach reifen roten Beeren
Gerichte:	kräftige Gemüsegerichte, Fisch mit würzigem Fleisch, Rindfleisch, Geflügel gebraten oder geschmort

Walliser Nudelauflauf (Gratin Valaisanne)

Für 4 Personen:

600 g Tomaten • 400 g Hörnchennudeln • Salz • 2 Knoblauchzehen • 200 g roher Schinken in Scheiben • 2 EL gehackte Petersilie • schwarzer Pfeffer • 100 g frisch geriebener Gruyère oder Bergkäse • 150 g Sahne • Fett für die Form

➤ Reichlich Wasser aufsetzen. Wenn es kocht, die Tomaten kurz darin überbrühen, herausheben. Die Nudeln ins kochende Wasser streuen, salzen und nach Packungsangabe bissfest garen. ➤ Backofen auf 220° vorheizen. Eine mittelhohe Auflaufform fetten. Überbrühte Tomaten häuten, Strunk entfernen, Fruchtfleisch würfeln, abtropfen lassen und in eine Schüssel füllen. Knoblauch schälen und zu den Tomaten pressen. Schinken in feine Streifen schneiden, mit Petersilie unter die Tomaten mischen. ➤ Die Nudeln abgießen, abtropfen lassen und unter die Tomatenmischung heben, mit Salz und Pfeffer würzen. In die Auflaufform füllen, mit Käse bestreuen und mit der Sahne übergießen. Im Ofen (Mitte, Umluft 200°) 15–20 Min. backen, bis der Käse gebräunt ist.

Dornfelder (Deutschland)

€	Aromatisch-fruchtige, unkomplizierte Rotweine aus einer Neuzüchtung, die recht ordentliche deutsche Rotweine hervorbringt, beim Ausbau in kleinen Eichenfässern sogar beachtliche Weine, hübsche Weine für Einsteiger.
Region:	Pfalz, Württemberg
Rebsorte:	Dornfelder (Kreuzung aus Helfensteiner und Heroldrebe)
Serviertemp.:	14–16°C
Farbe:	dichtes Kirschrot, teils Stich ins Violette
Duft:	dunkle Kirschen, Kirschkerne, Farn, Waldboden, zart Schokolade, Kakao, weiße Blüten
Geschmack:	mittelkräftig, fruchtig nach dunklen Kirschen, dezente Säure und Tannine, leichte Kräuternote
Gerichte:	kalte Platten mit Wurst, Schinken und Käse, Schmorgerichte, dunkles Fleisch und Wild

Koteletts in Rotwein auf Pfälzer Art

➤ ***Für 4 Personen:***

4 Schweinekoteletts à 200 g • 3 EL Rapsöl • je 1/2 TL getrockneter Majoran und grober schwarzer Pfeffer • 200 g Zwiebeln • Salz • 2 EL Tomatenmark • 350 ml kräftiger Rotwein (Dornfelder)

➤ Die Koteletts mit Küchenpapier trockentupfen, leicht klopfen. 2 EL Öl mit Majoran und Pfeffer vermischen, die Koteletts damit bestreichen und zugedeckt bei Zimmertemperatur 30 Min. ruhen lassen. ➤ Die Zwiebeln schälen und in dünne Scheiben schneiden. ➤ Eine schwere Pfanne erhitzen, bei mittlerer Hitze die Koteletts 5 Min. pro Seite braten. Aus der Pfanne heben, salzen. ➤ Das restliche Öl in die Pfanne geben und die Zwiebeln in 7–10 Min. goldbraun braten. Das Tomatenmark einrühren, den Rotwein angießen und offen ca. 5 Min. einkochen, bis die Sauce etwas andickt. Die Koteletts in die Sauce legen und zugedeckt bei schwacher Hitze 15 Min. ziehen lassen, dabei einmal wenden. Die Koteletts auf Tellern anrichten, die Sauce abschmecken und darüber gießen.

Grave del Friuli (Italien)

€ Fruchtige, leichte bis mittelkräftige, eigenständige Rotweine aus einer Unterregion des Friauls. Nicht zu jung und leicht gekühlt trinken.

Region: Grave (Friaul)
Rebsorten: Merlot, Cabernet Sauvignon
Serviertemp.: 14°C
Farbe: dichtes Kirschrot
Duft: kräftig, schwarze Johannisbeeren, dunkle Schokolade, gerösteter Kaffee, manche ein Hauch von Teer
Geschmack: saftig-lecker, intensiv nach dunklen Beeren, junge sind manchmal etwas kratzig, reife schmecken weich und schokoladig
Gerichte: Pasta mit würziger Tomatensauce, dunkles Fleisch (Rind, Lamm, Wild oder Wildgeflügel) vom Grill oder geschmort, Kalbshaxe geschmort

Gefüllte Wachteln auf Winzerart
(Quaglie al vignaiolo)

➤ ***Für 4 Personen:***
4 küchenfertige Wachteln à 150 g • Salz, schwarzer Pfeffer • 1 TL getrockneter Oregano • 150 g Bratwurstbrät oder Schweinemett • 2 EL Butter • 2 EL Olivenöl • 2 Knoblauchzehen • 1 TL geriebene Zitronenschale • 250 ml Weißwein • 250 g rote Weintrauben

➤ Die Wachteln innen und außen waschen, mit Küchenpapier trockentupfen. Außen mit Salz und Pfeffer, innen mit Oregano würzen, mit Bratwurstbrät füllen. Die Keulen mit Küchengarn zusammenbinden. ➤ In einer ofenfesten Schmorpfanne die Butter mit Olivenöl erhitzen, die Wachteln rundum in 10–12 Min. braun anbraten. Den Knoblauch schälen und dazupressen, Zitronenschale und Weißwein dazugeben. Zugedeckt bei schwacher Hitze 30 Min. garen. ➤ Backofengrill vorheizen. Trauben waschen und zu den Wachteln geben, 5 Min. in der Sauce erhitzen, mit Salz und Pfeffer abschmecken. Die Pfanne 4–5 Min. unter den heißen Grill schieben, bis die Haut der Wachteln schön knusprig ist. Heiß servieren.

Lagrein dunkel (Italien)

€–€ €	Kräftiger Bratenwein aus einer Rebsorte, die nur zwischen Bozen und Eppan in Südtirol gedeiht. Eignet sich sehr gut zur Reifung in kleinen Eichenholzfässern (Lagrein Barrique). Gibt es auch als Rosé Lagrein Kretzer (fruchtiger Schoppenwein).
Region:	Südtirol
Rebsorte:	Lagrein
Serviertemp.:	16°C
Farbe:	sehr dunkles, fast schwarzes Kirschrot
Duft:	herb-kräftig, gekochte Pflaumen (Pflaumenmus), würzig nach Thymian, Zimt, Muskat, Kakao, Tabak
Geschmack:	samtig, füllig, eigenständig, sehr würzig nach herben Pflaumen, türkischem Kaffee, schwarzer Schokolade. Nicht zu jung trinken!
Gerichte:	dunkles Fleisch (Rind, Lamm, Wild und Wildgeflügel), gebraten oder in würziger Sauce geschmort

Geschmorte Lammhaxen (Stinco d'agnello)

Für 4 Personen:

4 Lammhaxen mit Knochen à 250 g • Salz, schwarzer Pfeffer • 200 g reife Tomaten • 1 Bund Suppengemüse • 1 Zwiebel • 2 EL Traubenkernöl oder Olivenöl • 1 Lorbeerblatt • je 1/2 TL frischer gehackter Thymian, Rosmarin und Bohnenkraut • 150 ml Fleischbrühe • 100 ml kräftiger Rotwein • 2 EL gehackte Petersilie

➤ Lammhaxen abspülen, mit Küchenpapier trockentupfen, mit Salz und Pfeffer einreiben. Stielansätze der Tomaten entfernen. Die Tomaten kurz überbrühen, häuten, quer halbieren und entkernen. Das Fruchtfleisch würfeln. Suppengemüse waschen, putzen und klein würfeln. Die Zwiebel schälen und fein hacken. ➤ In einem Schmortopf das Öl erhitzen, die Lammhaxen bei mittlerer Hitze in 7–10 Min. rundum anbräunen. Gemüse und Zwiebel dazugeben, leicht anrösten. Die Tomaten, Lorbeerblatt und Kräuter dazugeben, etwas Brühe und Wein angießen und zugedeckt bei schwacher Hitze 2 Std. schmoren. Haxen ab und zu wenden, restliche Brühe und Wein, bei Bedarf wenig Wasser nachgießen. ➤ Die Sauce abschmecken und die Lammhaxen mit Petersilie bestreut servieren.

Marzemino (Italien)

€ Fruchtige, auch recht schwere Rotweine aus einer Trentino-eigenen Rebsorte. Zwar keine »noblen« Weine, die Trauben können aber bei klein gehaltenen Erträgen und guter Pflege sehr gute, gehaltvolle Rotweine ergeben.

Region: Norditalien, Trentino
Rebsorte: Marzemino
Serviertemp.: 14°C (leicht gekühlt)
Farbe: dunkles dichtes Rot mit violetten Tönen
Duft: schwarze Beeren (Brombeeren), reife Kirschen, eigenwilliger Veilchen- oder Stiefmütterchenton
Geschmack: fruchtig, würzig, manche leicht spritzig, weich und warm im Mund, am Gaumen manchmal etwas bitter
Gerichte: Pasta mit kräftiger Sauce, dunkles Fleisch (Rind, Lamm, Wild, Ente), geschmort oder vom Grill

Geschmorte Entenkeulen (Anatra in padella)

Für 4 Personen:

4 Entenkeulen (knapp 1 kg) • Salz, schwarzer Pfeffer • 30 g durchwachsener Speck • 2 Zwiebeln • je 1 kleiner Zweig Rosmarin und Salbei • 5 EL Olivenöl • 1 Lorbeerblatt • 200 ml Rotwein (Marzemino) • 750 g fest kochende Kartoffeln • 1 TL geriebene Orangenschale • 1 EL gehackte Petersilie

➤ Die Keulen waschen, mit Küchenpapier trockentupfen, salzen und pfeffern. Speck fein würfeln. Zwiebeln schälen und fein hacken. Kräuter waschen, die Blättchen fein hacken. Im Schmortopf 2 EL Öl erhitzen, die Keulen rundum 10–15 Min. kräftig anbraten. Speck, Zwiebeln und Kräuter mit dem Lorbeerblatt in die Pfanne geben, nussbraun anbraten. Wein und etwas Wasser angießen, sodass die Keulen zu 1/4 bedeckt sind. Zugedeckt bei schwacher Hitze 2 Std. schmoren lassen. Das Fleisch ab und zu mit Schmorsaft übergießen. ➤ Die Kartoffeln schälen und in 2 cm große Würfel schneiden. Im restlichen Olivenöl in 15 Min. braun braten, mit der Orangenschale zu den Keulen geben, so viel Wasser angießen, dass die Kartoffelwürfel knapp bedeckt sind, salzen und pfeffern. Noch 5 Min. schmoren lassen. Abschmecken und mit Petersilie bestreut servieren.

M

Médoc (Frankreich)

€ €	Rotweine von Weltruhm aus dem Bordeaux mit kompliziertem Klassifikation. »Médoc« und »Haut-Médoc« stellen den größten Teil der Weinberge.
Region:	Bordeaux (zwischen Atlantik und der Flussmündung der Gironde)
Rebsorten:	Cabernet Sauvignon, Merlot, Cabernet Franc u.a.
Serviertemp.:	16°C
Farbe:	Kirschrot bis sehr dunkles Rot, ältere bräunlicher
Duft:	verhalten bis füllig, schwarze Beeren (Johannisbeeren, Holunder), Gewürze (schwarzer Pfeffer), Schokolade, Kaffee, Leder, Minze
Geschmack:	in der Jugend kräftige Säure und herbe Tannine (wie starker Tee), ältere saftig-würzig (Piment, Zimt, Pfeffer), fast ölig, füllen den ganzen Mund aus
Gerichte:	dunkles Fleisch (Rind, Lamm, Wild) mit kräftigen Saucen, Schmorgerichte mit Rotweinsauce

Lammkeule auf Bordelaiser Art (Gigot bordelaise)

➤ ***Für 6 Personen:***

1 Lammkeule (1,5–2 kg) • 2 Knoblauchzehen, Salz, schwarzer Pfeffer • 2 EL scharfer französischer Senf • 2 EL gehackte Petersilie • 3 Schalotten • 2 Möhren • 1 Stange Lauch • 1 EL Öl • 300 ml kräftiger Rotwein • 150 g Crème fraîche

➤ Die Keule enthäuten, das Fett bis auf einen dünnen Rest abschneiden, das Fleisch trockentupfen. Knoblauch schälen und mit 1 TL Salz zerstampfen. Mit 1/2 TL Pfeffer und Senf vermischen. Mit der Paste die Keule einreiben und mit Petersilie bestreuen. ➤ Backofen auf 200° vorheizen. Schalotten und Gemüse schälen, putzen und in Stücke schneiden. In einem Bräter Öl erhitzen, Gemüse kurz anrösten. Lammkeule darauf setzen, die Hälfte des Rotweins angießen. Im Ofen (Mitte, Umluft 180°) 30 Min. braten, dann vorsichtig wenden und den restlichen Rotwein angießen. Noch 30–45 Min. braten. ➤ Die Keule im abgeschalteten Ofen 15 Min. nachziehen lassen. Bratfond mit etwas Wasser loskochen, durch ein Sieb gießen und das Fett abschöpfen. Crème fraîche einrühren, aufkochen, abschmecken und die Sauce extra zur Lammkeule servieren.

MERLOT (FRANKREICH, ITALIEN, SCHWEIZ, NEUE WELT)

€ Die Merlottraube ist die zweitwichtigste (nach der Cabernet Sauvignon) des Bordeaux und wird heute weltweit angebaut. Die Weine sind weicher, süßer und leichter zugänglich.

Region: ursprünglich Bordeaux, heute Oberitalien, Schweiz, Spanien und alle Länder der Neuen Welt (dort oft mit Cabernet Sauvignon gemischt)

Rebsorte: Merlot

Serviertemp.: 14°C

Farbe: mittleres Kirschrot mit Stich ins Violette

Duft: Kirschen, Himbeeren, Erdbeeren, gekochte Pflaumen, Schokolade, Karamell, Vanille, Bittermandeln

Geschmack: sehr fruchtig, angenehm tanninbetont, milde, gut verträgliche Säure, schokoladig, pflaumenwürzig

Gerichte: Fisch mit rotem Fleisch, Pasta mit Tomatensauce, Geflügel, Braten in Sauce, kräftig gewürzte Eintöpfe mit Fleisch und Tomaten, Käse (Camembert)

Rindfleisch mit roten Bohnen (Chili con carne)

➤ ***Für 4 Personen:***

250 g getrocknete rote Bohnen • 500 g mageres Rindfleisch • 2 Zwiebeln • 3 Knoblauchzehen • 125 g durchwachsener Speck • 3 EL Öl • 2 EL Chiligewürz (Würzmischung für Chili con carne) • 1 TL Kreuzkümmel • 500 g grüne oder rote Paprikaschoten • 1 scharfe rote Chilischote • Salz, schwarzer Pfeffer • 500 g Tomaten

➤ Die Bohnen in kaltem Wasser über Nacht (12 Std.) einweichen.
➤ Bohnen abgießen, abtropfen lassen. Das Rindfleisch klein würfeln. Zwiebeln und Knoblauch schälen und hacken. Den Speck würfeln. Alles in dem Öl anbraten. Chiligewürz und Kreuzkümmel einrühren, kurz anschmoren. Die Bohnen mit 1/2 l frischem Wasser dazugeben, zugedeckt 1 1/2 Std. bei schwacher Hitze garen. ➤ Die Paprikaschoten waschen, halbieren, putzen und in Streifen schneiden. Die Chilischote aufschlitzen, entkernen, in Streifchen schneiden. Beides mit Salz, Pfeffer zu den Bohnen geben, weitere 25 Min. garen. Stielansätze der Tomaten entfernen. Die Tomaten kurz überbrühen, häuten und in Stücke schneiden. Dazugeben, noch 5 Min. garen.

Montepulciano d'Abruzzo (Italien)

€	Nicht zu kräftige, aber preiswerte und meist ordentliche Rotweine für jeden Tag.
Region:	Abruzzen (Mittelitalien)
Rebsorte:	Montepulciano
Serviertemp.:	14–16°C
Farbe:	dunkles Kirschrot (Rubinrot), oft violetter Schimmer
Duft:	schwarze Beeren (Brombeeren), reife Pflaumen, gekochte Früchte (Konfitüre, Pflaumenmus)
Geschmack:	leichte bis mittelkräftige Rotweine, eher deftig, mit kräftigen, aber nicht rauhen Tanninen. Der Geschmack erinnert manchmal dezent an Aceto Balsamico.
Gerichte:	Tomaten mit Mozzarella und Aceto Balsamico, Pizza, Pasta mit kräftiger Sauce, scharf gewürzte Gerichte (all'arrabbiata mit Peperoncini), dunkles geschmortes Fleisch (Rind, Lamm)

Lammlende mit Oliven (Lombo d'agnello alle olive)

➤ ***Für 4 Personen:***

400 g Lammlende (ausgelöster Lammrücken ohne Fett) • Salz, schwarzer Pfeffer • 1 Zwiebel • 1 Knoblauchzehe • 2 EL Olivenöl • 2 EL Tomatenmark • 50 g schwarze Oliven • 350 ml Rotwein (Montepulciano d'Abruzzo) • 1 Prise gemahlene Peperoncini oder Cayennepfeffer • 2 EL Aceto balsamico • 1 EL grob gehackter frischer Oregano

➤ Lammlende mit Küchenpapier trockentupfen, salzen und pfeffern. Die Zwiebel und den Knoblauch schälen, sehr fein würfeln. ➤ Den Backofen auf 60° vorheizen. In einer Pfanne das Olivenöl erhitzen und die Lammlende bei mittlerer Hitze auf beiden Seiten je 4–5 Min. kräftig anbraten. Aus der Pfanne heben und zugedeckt im Ofen (Umluft 50°) 20 Min. nachziehen lassen (Teller dabei vorwärmen). ➤ Zwiebel- und Knoblauchwürfel im verbliebenen Öl in 3–4 Min. anbräunen. Das Tomatenmark und die Oliven unterrühren, kurz anschmoren. Den Rotwein angießen und offen etwa 10 Min. einkochen lassen. ➤ Die Sauce mit Peperoncini, Salz, Pfeffer und Aceto balsamico pikant würzen. Die Lende aus dem Ofen nehmen und in 2 cm dicke Scheiben schneiden, auf vorgewärmten Tellern anrichten und mit der Sauce übergießen, mit Oregano bestreut servieren.

Naousa (Griechenland)

€	Überraschend gerbstoffreicher, etwas gewöhnungsbedürftiger, aber ordentlicher Wein. Schmeckt erst nach mehreren Gläsern richtig gut.
Region:	Nordgriechenland (Makedonien)
Rebsorte:	Xinomavro
Serviertemp.:	16°C
Farbe:	mittleres Kirschrot, etwas Orange und Braun dabei
Duft:	zart, rote Beeren (Himbeeren, Kirschen), fleischig, Weinkeller mit Holzfässern, feuchtes Holz
Geschmack:	mittelkräftig, erst etwas Zitrussäure, dann zarte Süße und bissfeste, kernige Tannine mit Holzton (wie wenn man auf einem Holzbleistift kaut), Himbeerkonfitüre, Pflaumensaft
Gerichte:	würzige griechische Vorspeisen, Gemüse mit Tomaten, dunkles geschmortes Fleisch (Stifado)

Makedonisches Hasen-Stifado mit Pflaumen
(Lagós me damáskina)

Für 4 Personen:

1 kg ungespickte Hasenteile (Keulen, Schultern) • 250 ml kräftiger Rotwein • Salz, schwarzer Pfeffer • 4 EL Olivenöl • 350 g Schalotten • 3 Knoblauchzehen • 150 g kleine braune Champignons • 1 Lorbeerblatt • 1 TL getrockneter Thymian • 100 g Dörrpflaumen ohne Stein • 2–3 EL Metaxa oder Cognac • 1–2 EL Tomatenmark

➤ Das Hasenfleisch putzen, Hautlappen und Fett wegschneiden, kurz waschen und in eine Schüssel legen. Mit Rotwein übergießen, zugedeckt 8–12 Std. kühl stellen, ab und zu umwenden. ➤ Das Fleisch trockentupfen, salzen und pfeffern. In einem breiten Schmortopf das Öl erhitzen, bei mäßiger Hitze das Fleisch 10 Min. rundum anbraten. Schalotten und Knoblauch schälen, unzerteilt dazugeben, wieder 10 Min. anbraten. Die Pilze säubern, putzen und vierteln. Untermischen, noch 5 Min. braten. Die Dörrpflaumen mit Metaxa übergießen, quellen lassen. Marinade und Gewürze dazugeben, salzen und zugedeckt bei schwacher Hitze 2 Std. garen, nach 1 Std. ➤ Pflaumen mit Metaxa dazugeben, eventuell Wasser ergänzen. Zum Schluss das Tomatenmark unterrühren und nochmals abschmecken.

Navarra (Spanien)

€ €	Kräftige, schöne Rotweine, die den benachbarten Riojaweinen ernsthaft Konkurrenz machen.
Region:	Nordost-Spanien, Navarra
Rebsorten:	Cabernet Sauvignon, Merlot, Tempranillo, Garnacha u.a.
Serviertemp.:	16°C
Farbe:	dunkles, fast undurchsichtiges Rot
Duft:	kräftig nach dunklen Beeren (Brombeeren, Heidelbeeren), Teer, Lakritz, Gummi, Vanille
Geschmack:	kräftig nach schwarzen Beeren, Pflaumenmus, Pfeffer. Sehr gute erinnern an Formel-1-Rennen: wild, rasant, nach Rauch und Gummireifen.
Gerichte:	deftige Fischtöpfe, dunkles Fleisch (Rind, Ochsenschwanz, Lamm) mit Rotwein geschmort, dunkles Geflügel (Ente, Fasan)

Tunfisch-Eintopf mit Kartoffeln (Marmitako)

➤ ***Für 4 Personen:***
500 g frisches Tunfischfilet (oder Schwertfisch) • 500 g reife Tomaten • 500 g rote Paprikaschoten • 1 große Zwiebel • 4 Knoblauchzehen • 750 g fest kochende Kartoffeln • 4 EL Olivenöl • 1 EL Paprikapulver, mittelscharf • 1 Prise Cayennepfeffer, Salz, schwarzer Pfeffer • 200 g Fischfond (Glas) • 1 EL gehackte Petersilie

➤ Den Fisch kalt abspülen und in gulaschgroße Würfel schneiden, mit Küchenpapier trockentupfen, zugedeckt kühl stellen. Tomaten kurz überbrühen, häuten und entkernen. Das Fruchtfleisch würfeln. Die Paprikaschoten waschen, halbieren, putzen und in Streifen schneiden. Zwiebel und Knoblauch schälen, hacken. Kartoffeln schälen und in 2–3 cm große Würfel schneiden. ➤ In einem breiten Schmortopf das Öl erhitzen, Zwiebel, Knoblauch und Paprikastreifen bei mäßiger Hitze 7 Min. andünsten, ohne dass sie bräunen. Tomaten, Paprikapulver und Cayennepfeffer dazugeben, salzen und pfeffern, bei starker Hitze 5 Min. offen kochen. Kartoffeln untermischen, Fischfond und so viel Wasser angießen, dass die Kartoffeln gerade bedeckt sind. Bei mittlerer Hitze zugedeckt 30 Min. garen, bis die Kartoffeln gerade gar sind. ➤ Die Fischwürfel vorsichtig untermischen, mit Salz abschmecken und noch 5–10 Min. ziehen lassen. Mit Petersilie bestreut servieren.

Negroamaro (Italien)

€	Kräftiger, eigenständiger, sehr dunkler Wein aus dem Süden Italiens. Interessante Alternative zu den Modeweinen.
Region:	Apulien, Region Salento
Rebsorte:	Negroamaro
Serviertemp.:	16°C
Farbe:	sehr dunkles, dichtes, ins Violette spielendes Rot
Duft:	schwarze Wildbeeren, Johannisbeeren, Brombeeren, Heidelbeeren, schwarze Schokolade, Kaffee, kalte Asche, schwarzer Pfeffer
Geschmack:	sehr eigenständiger, fast »wilder« Wein, schwarze Beeren mit Schokolade, Kaffee und Pfeffer
Gerichte:	Pasta mit kräftigen Saucen, Schmorgerichte, dunkles Fleisch (gebraten oder vom Grill)

Schwarzes Kaninchen (Coniglio nero)

➤ ***Für 4 Personen:***

4 Kaninchenfilets à 125 g • 2 getrocknete Peperoncini (Chilischoten) • 2 TL schwarze Pfefferkörner • 1 TL getrocknete Rosmarinnadeln • 2 Lorbeerblätter, grobes Salz • 2 Zwiebeln • 2 Knoblauchzehen • 2 EL Butterschmalz • 400 ml kräftiger Rotwein • 2 EL Rotweinessig • 2 EL Orangenlikör • 100 ml Orangensaft • 2 EL Sultaninen • 2 EL Pinienkerne • 20 g zartbittere Schokolade

➤ Die Kaninchenfilets mit Küchenpapier trockentupfen. Chillies, Pfeffer, Rosmarin und Lorbeer mit etwas Salz im Mörser zerstoßen, die Kaninchenfilets damit einreiben. Zwiebeln und Knoblauch schälen, fein hacken. ➤ In einer Schmorpfanne Butterschmalz erhitzen, Kaninchenfilets bei mittlerer Hitze auf beiden Seiten je 5 Min. anbraten. Aus der Pfanne heben. Im Bratfett Zwiebeln und Knoblauch unter Rühren nussbraun braten. Wein, Essig, Orangenlikör und -saft angießen, offen 10 Min. kochen lassen. Die Kaninchenfilets in die Sauce legen, Sultaninen dazugeben, zugedeckt bei schwacher Hitze 30 Min. ziehen lassen. ➤ Die Pinienkerne in einem Pfännchen ohne Fett hellbraun rösten. Die Sauce abschmecken, zerbröckelte Schokolade darin schmelzen lassen. Kaninchenfilets auf Tellern anrichten, mit Sauce übergießen und mit Pinienkernen bestreuen.

Penedès (Spanien)

€ €	Mittelkräftige bis kräftige lagerfähige Rotweine, oft modern ausgebaut und trotzdem typische Spanier.
Region:	Penedès (Nordost-Spanien, Katalonien)
Rebsorten:	Garnacha, Cariñena, Tempranillo, Cabernet Sauvignon u.a.
Serviertemp.:	16°C
Farbe:	tiefdunkles Brombeerrot
Duft:	schwarze Beeren (Brombeeren, Johannisbeeren), schwarzer Pfeffer, Minze
Geschmack:	sehr fruchtig nach schwarzen Beeren, Brombeeren, Schlehen, schmelzend-füllig nach Kirschen, Pflaumen und Lakritz, gute erinnern an kalifornische Rotweine
Gerichte:	Fische und Meeresfrüchte in kräftigen Tomatensaucen, pikant-scharfe Gerichte mit Gemüse und dunklem Fleisch (Rind, Lamm)

Katalanischer Gemüsetopf
(Zarzuela de verduras al horno)

➤ ***Für 4 Personen:***
500 g neue, kleine Kartoffeln • 4 EL Olivenöl • 2 große Zwiebeln • 3 Knoblauchzehen • je 500 g Zucchini und Auberginen • 2 rote Paprikaschoten • Salz, schwarzer Pfeffer • 500 g reife Tomaten • 1 TL Thymian • 1 TL Paprikapulver, rosenscharf • 100 ml Gemüsebrühe

➤ Den Backofen auf 190° vorheizen. Kartoffeln waschen und bürsten, längs halbieren. Eine breite ofenfeste Tonform mit Öl ausgießen, die Kartoffeln mit Schnittfläche nach unten hineinlegen. Im Ofen (Mitte, Umluft 170°) 10 Min. garen. Zwiebeln und Knoblauch schälen, Zwiebeln längs achteln, Knoblauch in Scheiben schneiden. Beides zu den Kartoffeln geben, wieder 10 Min. garen. ➤ Zucchini, Auberginen und Paprikaschoten waschen, putzen und in mundgerechte Stücke schneiden, in die Tonform legen, kräftig salzen und pfeffern, noch 5–10 Min. garen. ➤ Stielansätze der Tomaten entfernen. Die Tomaten kurz überbrühen, häuten und in große Stücke schneiden. Zum Gemüse geben, mit Thymian und Paprikapulver bestreuen und alles gut durchmischen. Mit Brühe übergießen, mit Alufolie abdecken und 35–45 Min. garen, dabei ab und zu das Gemüse durchmischen. Mit Weißbrot servieren.

Pinotage (Südafrika)

€ €	Eigenständige, kräftige Rotweine aus einer Rebsorte, die es nur in Südafrika gibt (eine Kreuzung aus Pinot Noir und Cinsault).
Region:	Südafrika
Rebsorte:	Pinotage
Serviertemp.:	16°C
Farbe:	fast undurchsichtiges Schwarzrot
Duft:	schwarze Johannisbeeren, Holunderbeeren, Zwetschgenmus, Holunderrinde, zart nach grünen Paprikaschoten, Chillies, Kakao
Geschmack:	weich, kräftig fruchtig mit milder, schmelzender Schokoladensüße, fleischig wie ein rosig gebratenes Steak
Gerichte:	Schmorgerichte mit Tomaten, dunkles Fleisch (Steaks) gegrillt oder gebraten, Ragouts mit nicht zu schweren Saucen

Hackauflauf mit Bananen (Bobotie)

➤ ***Für 4 Personen:***

500 g mageres Lamm- oder Rinderhackfleisch • 2 Scheiben Toastbrot • 2 Zwiebeln • 4 Knoblauchzehen • 3 Eier • 75 g Sultaninen • 2 EL Mangochutney (Glas) • Salz, schwarzer Pfeffer • 3 TL Currypulver (mild oder scharf) • 1 EL Zitronensaft • Fett für die Form • 125 ml Milch • Muskatnuss • 2 Bananen

➤ Backofen auf 220° vorheizen. Hackfleisch in eine Schüssel füllen. Das Toastbrot in kaltem Wasser einweichen, fest ausdrücken und zerzupfen, zum Hack geben. Die Zwiebeln und den Knoblauch schälen, ganz fein hacken, zum Fleisch geben und mit 1 Ei, Sultaninen und Mangochutney vermischen. Mit Salz, Pfeffer, 2 TL Curry und Zitronensaft würzen. ➤ Eine Auflaufform fetten, die Hackmischung einfüllen und glatt streichen. Im Ofen (Mitte, Umluft 200°) 20 Min. backen. ➤ Die Milch mit den übrigen 2 Eiern verrühren, mit Salz, Muskat und 1 TL Curry würzen. Die Bananen schälen und in Scheiben schneiden, auf die Fleischmasse legen und mit Eiermilch übergießen. Noch 15–20 Min. überbacken, bis die Oberfläche gebräunt ist. Mit Reis servieren.

Pinot Nero (Italien, Nord)

€

Die Versuche, außerhalb von Burgund ordentliche Weine aus der Spätburgundertraube zu erzeugen, sind nicht immer überzeugend. Am besten gelingt das noch den Winzern in Norditalien. Ziemlich jung und leicht gekühlt servieren.

Region: Friaul, Venetien
Rebsorte: Pinot Nero (Spätburgunder)
Serviertemp.: 14°C
Farbe: helles bis dunkles, dichtes Rot mit Stich ins Violette
Duft: reife dunkle Kirschen, Brombeeren
Geschmack: leicht, fruchtig und zart würzig nach Kirschen und Himbeeren, wirkt fast etwas süß, nicht sehr tanninreich, ein wenig nach Rucola
Gerichte: Menüwein, Pasta mit Tomatensauce, Fische mit würzigem Fleisch (gebraten, gegrillt), Innereien (Leber, Nieren), Geflügel (Wachteln, Ente), Schmorgerichte

Gegrillte Entenbrust auf Steinpilzen
(Tagliata di anatra con porcini)

➤ ***Für 4 Personen:***

500 g Entenbrustfilets (Flugente) • Salz, schwarzer Pfeffer • 8 EL Olivenöl • 400 g kleine Steinpilze (ersatzweise braune Champignons) • 2 EL gehackte Petersilie • 2 EL Zitronensaft

➤ Den Backofen auf 150° vorheizen. Die Entenbrustfilets mit Küchenpapier trockentupfen, die Hautseite rautenförmig einschneiden. Die Filets salzen und pfeffern, mit etwas Olivenöl einreiben. ➤ Die Steinpilze putzen, säubern und in 1/2 cm dicke Scheiben schneiden. Eine Grillpfanne stark erhitzen, Entenfilets erst auf der Hautseite 5–7 Min., dann auf der Fleischseite ebenso lange grillen, aus der Pfanne heben, zugedeckt im Ofen 10 Min. nachziehen lassen. ➤ In einer Pfanne 4 EL Olivenöl erhitzen und die Pilze auf beiden Seiten bei mittlerer Hitze jeweils 4–6 Min. braten, salzen und pfeffern, mit Petersilie bestreuen und auf Teller verteilen. Das Fleisch aus dem Ofen nehmen und in Streifen schneiden, auf die Steinpilze legen, leicht mit Salz und Pfeffer würzen. Mit Zitronensaft und übrigem Olivenöl beträufeln. Sofort servieren.

Rasteau (Frankreich)

€ €	Kräftige bis mächtige Rotweine aus einer Landschaft, in der außer Wein nichts wächst. Schöne, volle Weine zu einem günstigen Preis. Nicht zu jung trinken, hält sich gut 6 Jahre. Aufpassen, es gibt Rasteau auch als weißen Dessertwein!
Region:	südliche Côtes du Rhône Villages, Rasteau
Rebsorten:	Grenache, Syrah, Mourvèdre, Cinsault
Serviertemp.:	16°C
Farbe:	dunkles, dichtes Violettrot
Duft:	schwarze Beeren, schwarze Johannisbeeren (Cassis-Likör), Schokolade, Wacholderbeeren, Kräuter, Gewürze
Geschmack:	kräftig und gehaltvoll, nach schwarzen Beeren, Holundersaft, markante Tannine
Gerichte:	dunkles Fleisch (Rind, Lamm, Gans, Wild), gebraten oder geschmort mit kräftiger, dunkler Sauce, Innereien (Nieren, Leber) mit Rotweinsauce

Schweineleber mit Kräutern
(Foie de porc aux herbes)

➤ ***Für 4 Personen:***

4 Scheiben Schweineleber à 125 g • schwarzer Pfeffer • 2 EL Mehl • 4 Schalotten oder 2 kleine Zwiebeln • 3 Knoblauchzehen • 2 EL Olivenöl • 150 g Kalbsfond • 200 ml Rotwein • je 1 TL gehackte frische Thymian-, Rosmarin- und Estragonblättchen • Salz • 1 EL Weißweinessig • Petersilienblättchen zum Garnieren

➤ Ofen auf 75° vorheizen. Leberscheiben putzen, mit Küchenpapier trockentupfen, pfeffern und in Mehl wenden. Schalotten und Knoblauch schälen, fein hacken. Das Olivenöl in einer Pfanne erhitzen und die Leberscheiben bei mitterer Hitze 3 Min. pro Seite braten. Zugedeckt im Ofen (Mitte, Umluft 60°) warm stellen. ➤ Schalotten und Knoblauch im Öl nussbraun braten. Kalbsfond und Rotwein dazugießen, den Bratensatz unter Rühren lösen, 5 Min. kräftig kochen lassen. Die Kräuter einrühren, die Sauce mit Salz, Pfeffer und Essig abschmecken. Die Leberscheiben salzen, auf Tellern anrichten, die Sauce darüber gießen, mit Petersilienblättchen garnieren.

Rioja (Spanien)

€ €	Kräftige, volle Rotweine aus Spaniens Norden. Ähneln etwas den Bordeaux-Weinen (französische Winzer brachten den Spaniern die Kellertechnik bei). Es gibt auch frische Weiß- und Roséweine.
Region:	Rioja
Rebsorten:	Tempranillo, Mazuelo, Garnacha u.a.
Serviertemp.:	16°C
Farbe:	tiefrot (reife mit ziegelfarbenen Tönen)
Duft:	kräftig, Brombeeren, schwarze Johannisbeeren (Cassis-Likör), Gewürze (Muskat, Nelken, Zimt), Holzbleistift, Vanille, Teer, Leder, Sherry, Pilze
Geschmack:	fruchtig-beerig nach Brombeeren, Holunder, gute sind weich, sanft und rund, schmecken wie reife Früchte mit Marzipan, manche etwas schmalzig
Gerichte:	dunkles Fleisch (Lamm und Wild) gebraten, geschmort mit Pilzen, deftige Eintöpfe mit Paprikawurst

Lammkoteletts auf Rioja-Art
(Chuletas de cordero riojañas)

Für 4 Personen:

8 doppelte Lammkoteletts, über 2 Rippen geschnitten (insgesamt 800 g) • 2 Zwiebeln • 4 Knoblauchzehen • je 1 TL getrockneter Thymian und Rosmarin • 1/2 TL getrockneter Estragon • 6 EL Olivenöl • Salz, schwarzer Pfeffer • 250 ml trockener Rotwein (Rioja) • 1 EL Tomatenmark • 1/2 TL Zimtpulver • 10 schwarze Oliven

➤ Die Lammkoteletts mit Küchenpapier trockentupfen. Zwiebeln und Knoblauch schälen, fein hacken, mit getrockneten Kräutern, 4 EL Öl, Salz und Pfeffer vermischen. Die Lammkoteletts darin wenden und 1 Std. bei Zimmertemperatur marinieren. ➤ Den Backofen auf 75° vorheizen. Das restliche Öl in einer Pfanne auf mittlerer Stufe erhitzen. Die Lammkoteletts aus der Marinade heben, mit Küchenpapier trockentupfen und 5 Min. pro Seite in der Pfanne braten, dann aus der Pfanne heben und im Ofen (Mitte, Umluft 50°) warm stellen. Die Marinade mit Wein, Tomatenmark und Zimt in die Pfanne geben, aufkochen und bei mittlerer Hitze 5 Min. einkochen lassen. Mit Salz und Pfeffer abschmecken und die Koteletts mit den Oliven darin schwenken.

Sangiovese (Italien)

€ Mittelkräftige Rotweine aus der (neben Barbera) meist angebauten Rotweinsorte Italiens. Die sortenrein ausgebauten Weine sind preiswert und haben ein kräftiges Aroma, aber oft wird der Sangiovese auch mit Cabernet Sauvignon gemischt. Herber, rustikaler, ordentlicher Menüwein.

Region: Toskana, Emilia-Romagna, Sizilien

Rebsorte: Sangiovese

Serviertemp.: 14–16°C (leicht gekühlt)

Farbe: mittleres Kirschrot

Duft: rote Beeren, Kirschen, Himbeeren, Kräuter, manchmal leicht medizinisch (nach Chinin), Baumrinde, Rauch

Geschmack: fruchtig nach Beeren und Kirschen, mittlerer Tannin- und Säuregehalt

Gerichte: Menüwein, Pasta mit Tomaten, Kapern oder Oliven, Pizza, würziges Fleisch (auch Geflügel, Pute) vom Grill oder geschmort, Gemüse mit Tomaten

Spaghetti mit Hacksauce (Spaghetti alla bolognese)

➤ ***Für 4 Personen:***

1 Zwiebel • 1 Knoblauchzehe • 1 Möhre • 1/4 Stange Lauch • 50 g durchwachsener Speck • 2 EL Olivenöl • 150 g gemischtes Hackfleisch • 300 g Tomatenpüree (Passata di pomodoro) • 100 ml Rotwein • Salz, Pfeffer, 1 Lorbeerblatt • 1 getrockneter Peperoncino (Chilischote) • 400 g Spaghetti • 75 g frisch geriebener Parmesan

➤ Die Zwiebel und den Knoblauch schälen, fein hacken. Möhre schälen, den Lauch putzen, längs aufschneiden und gründlich waschen. Abtropfen lassen. Alles mit dem Speck sehr fein würfeln. ➤ Gemüsewürfel in 1 EL Olivenöl anbraten, das Hackfleisch dazugeben und unter Rühren zerbröseln und bräunen. Tomatenpüree und Wein dazugeben, mit Salz, Pfeffer, Lorbeerblatt und zerbröselter Chilischote würzen. 20 Min. offen schmoren lassen. ➤ Reichlich Wasser aufkochen, salzen und die Spaghetti mit 1 EL Olivenöl bissfest garen, in ein Sieb gießen und abtropfen lassen. Spaghetti auf Teller verteilen und mit Sauce übergießen. Parmesan dazu reichen.

Schwarzriesling (Deutschland)

€	Unkomplizierter Schoppenwein aus Württemberg, leicht gekühlt zu trinken. Super: Edelsekte »Blanc de Noir« aus Schwarzriesling.
Region:	Württemberg
Rebsorte:	Schwarzriesling
Serviertemp.:	14°C
Farbe:	helles bis mittleres Rot
Duft:	rote Beeren, Kirschen, Johannisberen, Haselnüsse, zart Bittermandel
Geschmack:	fruchtig, trocken mit angenehmen Tanninen. Meist angenehme, schöne Weine für jeden Tag, gute erinnern an Burgunder
Gerichte:	Brotzeit, gebratene Fische (Forellen), dunkles Fleisch (Rind, Wild, aber auch deftige Schweinebraten), pikante Gemüse-Schmorgerichte

Saure Kalbsnieren (Saures Nierle)

➤ ***Für 4 Personen:***

2 Kalbsnieren (insgesamt 500 g) • 1 große Zwiebel • je 2 EL Butter und Pflanzenöl • Salz, schwarzer Pfeffer • 1 EL Mehl • 200 ml Rotwein • 1 TL mittelscharfer Senf • 200 ml kräftige Fleischbrühe • 2 EL Weißweinessig • etwas gehackte Petersilie

➤ Von den Nieren Fett und Blutgefäße entfernen. Die Nieren in die Segmente zerteilen und in Scheiben schneiden, mit Küchenpapier trockentupfen. Die Zwiebel schälen und sehr fein würfeln. Backofen auf 75° vorheizen. ➤ In einer Pfanne die Butter mit Öl erhitzen, die Nierenstücke darin rundum bei mittlerer Hitze 5 Min. braten, salzen und pfeffern, zugedeckt im Ofen (Mitte, Umluft 50°) warm halten. ➤ Die Zwiebelwürfel im verbliebenen Fett anrösten, mit Mehl bestreuen und hellbraun braten. Mit Rotwein ablöschen und zur Hälfte einkochen lassen. Senf einrühren, Brühe und Essig dazugießen. 2 Min. sprudelnd kochen lassen, mit Salz und Pfeffer abschmecken. Die Nierenstücke in der Sauce kurz erhitzen, auf Tellern anrichten und mit Petersilie bestreuen.

Shiraz und Shiraz-Cabernet (Neue Welt)

€ €	Kräftige Weine aus einer alten Rebsorte des Rhônetals (Syrah). Werden gern mit Cabernet gemischt, um ihnen »Rückgrat« zu geben.
Region:	Australien, Südafrika, Argentinien; Syrah: Rhônetal
Rebsorte:	Shiraz (Syrah), oft mit Cabernet Sauvignon
Serviertemp.:	16–18°C
Farbe:	dichtes, dunkles Rot, brombeerfarben
Duft:	intensiv, schwarze Johannisbeeren (Cassis-Likör), Brombeer-Konfitüre, Pflaumen, Veilchen, Vanille, Pfeffer, Schokolade, Kaffee, Gewürze, Teer, Leder
Geschmack:	schokoladig, fruchtig und nachhaltig nach schwarzen Beeren, mit Cabernet etwas herber
Gerichte:	pikante Gemüsegerichte mit Auberginen und Paprikaschoten, würzige Schmorgerichte aus Rind, Ochsenschwanz, Lamm, Wild

Geschmortes Lamm mit Aprikosen
(Lamb stewed with apricots)

Für 4 Personen:

600 g mageres Lammfleisch ohne Knochen (Keule, Schulter) • 5 Schalotten • 25 g frischer Ingwer • je 2 Zweige Thymian und Rosmarin • 1/2 TL getrocknete Lavendelblüten • 1 Lorbeerblatt • 250 ml kräftiger Rotwein (Shiraz) • 3 EL Zitronensaft • 2 EL Brandy oder Weinbrand • 200 g getrocknete ungeschwefelte Aprikosen • 3 EL Butterschmalz • 1 EL Mehl • Salz, schwarzer Pfeffer

➤ Lammfleisch in Würfel schneiden. 1 Schalotte und Ingwer schälen, hacken. Kräuterzweige waschen. Alles mit Lavendel, Lorbeer, Wein, Zitronensaft und Brandy vermischen, zugedeckt über Nacht kühl stellen. ➤ Am nächsten Tag Aprikosen mit 350 ml heißem Wasser übergießen, quellen lassen. Fleisch aus der Marinade heben und trockentupfen. Schalotten schälen und fein hacken. Butterschmalz erhitzen und die Fleischwürfel rundum bei mittlerer Hitze 7 Min. anbraten. Schalotten dazugeben und 5 Min. braten, bis sie nussbraun sind. Mit Mehl bestreuen und durchrühren. Marinade (samt Gewürzen) und Aprikosen mit Einweichwasser dazugeben, salzen und kräftig pfeffern, zugedeckt bei schwacher Hitze 1 Std. schmoren. Im Topf servieren.

Spätburgunder (Deutschland)

€ €	Im Vergleich mit französischen Burgundern leichte, fruchtige (manchmal etwas dürftige) Weine. Große Unterschiede in Jahrgang, Qualität und Preis. Kühl servieren!
Region:	Baden, Württemberg, Pfalz, Rheingau (Assmannshausen), Ahr
Rebsorte:	Spätburgunder
Serviertemp.:	10–12°C
Farbe:	helles bis mittleres Rot, bei Reife ziegelrote Töne
Duft:	rote Beeren (Himbeeren, Erdbeeren, Kirschen), reife, teure Weine: schwarze Johannisbeeren, Brombeeren, Wiese, Waldboden, Steinpilze, Schokolade, Lakritz
Geschmack:	gute würzig-pfeffrig, frisch, fruchtig und weich, dabei kernig, leicht schokoladig mit Himbeeraroma
Gerichte:	Fische mit würzigem Fleisch, Schmorbraten, Geflügel und Wildfleisch (mit Obst geschmort)

Forellen in Spätburgunder

➤ ***Für 4 Personen:***

4 küchenfertige Forellen à 250 g • Salz, weißer Pfeffer • 1 Bund Suppengemüse • 1 Zwiebel • 1 Lorbeerblatt • 250 g kleine Champignons • 450 ml leichter Rotwein (Spätburgunder) • 1 EL Rotweinessig • 100 g Butter

➤ Forellen nur innen waschen, salzen und pfeffern. Suppengemüse waschen, putzen und in feine Streifen schneiden. Zwiebel schälen und in dünne Scheiben schneiden. Gemüse und Zwiebel in einem Topf, in dem später die Forellen Platz haben, mit 1 l Wasser und dem Lorbeerblatt aufkochen, salzen, 10 Min. kochen lassen. ➤ Champignons säubern und in Scheiben schneiden. In den Sud geben und noch 5 Min. garen. 300 ml Rotwein und Essig aufgießen, aufkochen und die Forellen einlegen. Zugedeckt bei schwacher Hitze 10–15 Min. ziehen lassen. Übrigen Rotwein bei starker Hitze auf 3 EL einkochen. Die Butter in Stückchen kräftig unterrühren, Topf vom Herd nehmen, die Sauce mit Salz und Pfeffer abschmecken. ➤ Die Forellen auf Tellern anrichten. Das Gemüse mit einem Schaumlöffel aus dem Sud heben und neben die Forellen geben. Die Rotweinbutter über die Fische gießen.

St. Magdalener (Italien)

€

Leichte bis mittelschwere, runde Schoppenweine von den Hügeln um Bozen, aus Vernatschtrauben gekeltert. Stammen die Weine aus den Rebgärten von St. Magdalena, St. Justina, Laitach oder St. Peter, dürfen sie die Bezeichnung »klassisch« tragen. Einfache Weine werden in Literflaschen, bessere in Dreiviertelliterflaschen abgefüllt.

Region: Südtirol, Bozen
Rebsorten: Vernatsch (Großvernatsch und dessen Spielarten), max. 10% Lagrein oder Spätburgunder
Serviertemp.: 14°C
Farbe: Himbeer- bis Kirschrot mit violettem Schimmer
Duft: hellrote Früchte, Himbeeren, rote Kirschen, Drops, Mandeln, Röstaromen
Geschmack: vollfruchtig, samtig, weiche, feine Tannine, zart nach Mandeln oder Bittermandeln, Spitzenweine erinnern an Burgunder
Gerichte: Brotzeit mit Schinken und Speck, Fisch mit würzigem Fleisch (gebraten), Pasta mit Tomatensauce, Pizza, leichte Fleischgerichte

Kalbsmedaillons in Schalottensauce

➤ ***Für 4 Personen:***
8 kleine Kalbsmedaillons (Filetscheiben) à 80 g • Salz, Pfeffer • 150 g Schalotten • 2 EL Pflanzenöl • 75 ml trockener Weißwein • 200 g Kalbsfond • 50 g Butter • 2 EL Schnittlauchröllchen

➤ Den Backofen auf 75° vorheizen. Die Medaillons leicht klopfen, salzen und pfeffern. Die Schalotten schälen und in feine Scheiben schneiden. Öl in einer Pfanne stark erhitzen, die Medaillons 3 Min. pro Seite anbraten. Aus der Pfanne nehmen und zugedeckt im Ofen (Mitte, Umluft 60°) warm halten. ➤ Die Schalotten in dem verbliebenen Öl goldgelb dünsten. Den Weißwein dazugießen und einkochen lassen. Den Fond aufgießen und aufkochen. Die Butter in Flöckchen einrühren, die Sauce abschmecken und die Schnittlauchröllchen unterrühren. Die Medaillons auf Tellern anrichten und mit der Sauce übergießen.

Teroldego Rotaliano (Italien)

€	Mittelkräftige, samtige Rotweine aus einer Rebsorte, die nur im Trentino wächst. Die besten sind charaktervoll, mit typischem Aroma. Viele allerdings sind einfache Weine, weil zu viele Trauben geerntet werden.
Region:	Trentino, Campo Rotaliano
Rebsorte:	Teroldego (der Name soll sich von »Tiroler Gold« ableiten)
Serviertemp.:	14–16°C
Farbe:	kräftiges Kirschrot
Duft:	Walderdbeeren, Brombeeren, schwarze Kirschen, Heidelbeeren, Veilchen, leicht mineralisch
Geschmack:	fruchtig-beerig mit angenehmen weichen Tanninen, mit leichter Veilchennote, Tinte, Eisen
Gerichte:	Menüwein, von Antipasti aus gebratenem Gemüse über Pasta mit würzigen Tomatensaucen zu dunklem Fleisch und Wild, geschmort

Ragout vom Kalbsschwanz (Ragù di coda di vitello)

➤ ***Für 4 Personen:***

1 kg Kalbsschwanz aus dem dicken Teil, vom Metzger in ca. 5 cm lange Stücke zerteilt (ersatzweise Ochsenschwanz) • 2 Möhren • 1 Petersilienwurzel • 1/2 Lauchstange (heller Teil) • 2 Stangen Staudensellerie • 2 Knoblauchzehen • 2 EL Olivenöl • 1 TL schwarze Pfefferkörner • 2 Lorbeerblätter • 250 ml Weißwein • Salz • 1 EL frische Thymianblättchen

➤ Kalbsschwanz abspülen und trockentupfen. Gemüse waschen, putzen und in ca. 1 cm große Würfel schneiden. Knoblauch schälen und grob würfeln. ➤ Im Schmortopf Olivenöl erhitzen. Bei mittlerer Hitze die Kalbsschwanzstücke in 10 Min. leicht anbräunen. Gemüse und Knoblauch dazugeben, andünsten, ohne dass es bräunt. Pfeffer, Lorbeer, Wein und so viel Wasser dazugeben, dass die Stücke bedeckt sind. Langsam aufkochen, bei schwacher Hitze und nicht ganz aufgelegtem Deckel 4 Std. ganz leise sieden lassen, bei Bedarf wenig Wasser nachgießen, zum Schluss soll die Sauce recht dickflüssig sein. Fleisch aus dem Topf heben, Sauce abschmecken und durch ein Sieb gießen, über das Fleisch träufeln. Mit Thymian bestreut servieren.

Trollinger (Deutschland)

€	Süffiger, unkomplizierter Schoppen für Sommerabende. Wirklich gute Weine muss man suchen, denn die Rebe neigt (und verleitet) zu hohen Erträgen. Die Rebsorte heißt in Südtirol »Vernatsch«.
Region:	Württemberg
Rebsorte:	Trollinger (»Tirolinger«)
Serviertemp.:	10–12°C (gekühlt)
Farbe:	helles Kirschrot, zarter Stich ins Violette oder Bräunliche
Duft:	hellrote Beeren, helle Kirschen, Himbeeren, Drops, Mandeln, Kräuter
Geschmack:	fruchtig, leicht, mild mit angenehmer Säure, leichter erdiger Mandelton, viele eher dünne, weiche »Bonbon-Weine«
Gerichte:	Brotzeiten, geschmortes Fleisch (Geflügel, Schwein, Kalb, Rind)

Kalbsvögerl mit Speck und Schinken

➤ ***Für 4 Personen:***

4 Kalbsrouladen oder ganz dünne Schnitzel • Salz, weißer Pfeffer • 1 Bund Suppengemüse • 1 Zwiebel • 100 g fetter Rückenspeck • 1 EL Pflanzenöl • 50 g magerer roher Schinken • 2 EL gehackte Petersilie • 1 EL Mehl • 250 ml Fleischbrühe • 2 EL Sahne

➤ Die Fleischscheiben leicht klopfen, salzen und pfeffern. Das Suppengemüse waschen, putzen und fein würfeln. ➤ Die Zwiebel schälen und mit dem Speck fein würfeln. In einer Schmorpfanne das Öl erhitzen, 2/3 der Speckwürfel darin bei mittlerer Hitze auslassen, die Zwiebelwürfel dazugeben und braun braten. Speckgrieben und Zwiebel mit einem Schaumlöffel herausnehmen, auf Küchenpapier abtropfen lassen. ➤ Den rohen Schinken in feine Streifen schneiden, mit den rohen Speckwürfeln, Grieben, Zwiebel und Petersilie auf die Kalbsrouladen verteilen, aufrollen, mit Garn oder Nadeln festhalten. Mit Mehl bestäuben, im Speckfett bei mittlerer Hitze in 8–10 Min. rundum gut anbräunen, Suppengemüse dazugeben und kurz mitschmoren. ➤ Fleischbrühe aufgießen und zugedeckt 45 Min. bei schwacher Hitze garen. Die Sahne in die Sauce rühren, mit Salz und Pfeffer abschmecken.

Umbria Rosso (Italien)

€

Umbrien ist nicht nur Orvieto. In dieser Weinbaugegend hat sich nun etliches getan, und die fülligen, aromatischen Rotweine machen den toskanischen ernsthaft Konkurrenz. Außerdem sind sie preiswerter.

Region:	Umbrien
Rebsorte:	Sangiovese u.a.
Serviertemp.:	16°C
Farbe:	dunkles, tiefes Kirschrot
Duft:	schwarze Kirschen, gekochte Früchte (Himbeeren, Brombeeren), fleischig, zart nach schwarzem Pfeffer, Gewürzen, Kräutern
Geschmack:	mittelkräftig bis gehaltvoll, dicht und weich, mit kräftigen, runden Tanninen und Gewürznote. Eigenständige schokoladige Rotweine
Gerichte:	Pasta mit kräftiger Sauce, würzige Schmorgerichte aus dunklem Fleisch oder Geflügel (mit Zimt, Muskat, Nelken gewürzt)

Nudeln mit Leber und Weinsauce
(Penne con salsa alla ghiotta)

➤ ***Für 4 Personen:***

250 g Hähnchenlebern • 2 Knoblauchzehen • 4 Salbeiblätter • 1 Zweig Rosmarin • 4 Wacholderbeeren • 30 g Pancetta (gerollter, luftgetrockneter Schweinebauch, ersatzweise durchwachsener Speck) • 400 g Penne • 350 ml kräftiger Rotwein • Salz, schwarzer Pfeffer • 1 EL Zitronensaft

➤ Die Hähnchenlebern putzen und klein würfeln. Die Knoblauchzehen schälen. Die Salbeiblätter und Rosmarin waschen, mit den Wacholderbeeren fein hacken. Die Pancetta in Streifen schneiden. ➤ Reichlich Wasser für die Nudeln aufsetzen. In einer Kasserolle den Wein aufkochen, bei starker Hitze in 5 Min. gut zur Hälfte einkochen. Die Hähnchenlebern mit Kräutern und Pancetta einrühren, den Knoblauch dazupressen und mit Salz und Pfeffer würzen. 10 Min. offen leise sieden lassen. ➤ Das Nudelwasser salzen, die Penne einstreuen und nach Packungsangabe bissfest kochen. Abgießen und abtropfen lassen. Die Sauce mit Salz und Zitronensaft abschmecken, über die Nudeln gießen und servieren.

Valpolicella (Italien)

€	Leichte, recht ordentliche und preiswerte Alltagsweine aus dem Hügelgebiet von Valpolicella. Weine aus der engeren Zone dürfen das Prädikat »Classico« tragen (müssen nicht immer besser sein).
Region:	Venetien, Valpolicella
Rebsorten:	Corvina, Rondinella u.a.
Serviertemp.:	14°C (leicht gekühlt)
Farbe:	kräftiges Kirschrot, oft leichte Ziegeltöne
Duft:	rote Beeren, Kirschen, schwarze Johannisbeeren, Brombeeren, Pfeffer, Kräuter, grüne Blätter, Farn
Geschmack:	trocken, leicht samtig, beeren-fruchtig wie Gummibärchen, zart pikante Säure wie grüne Paprikaschoten, leicht zusammenziehend, gute schmecken dezent nach Minz-Schokolade
Gerichte:	unkomplizierter Menüwein, Antipasti (gebratenes Gemüse), Pasta mit Tomatensauce, gebratenes Geflügel, dunkles Fleisch

Kalbsleber auf venezianische Art
(Fegato di vitello alla veneziana)

➤ ***Für 4 Personen:***

500 g Kalbsleber (möglichst im Stück) • 400 g Zwiebeln • 2 EL Butter • 4 EL Olivenöl • 2 EL Butter • 100 ml trockener Weißwein • Salz, schwarzer Pfeffer • 3 EL gehackte Petersilie

➤ Die Leber häuten, Adern und Sehnen entfernen. In kleine, dünne Scheibchen (nicht in Streifen) schneiden und mit Küchenpapier trockentupfen. ➤ Die Zwiebeln schälen und in Scheiben hobeln. In einer höheren Pfanne Butter mit dem Öl erhitzen, bei mäßiger Hitze die Zwiebelscheiben langsam unter häufigem Wenden 15 Min. schmoren – sie sollen immer ganz leise im Fett brutzeln. Wenn die Zwiebeln gerade zu bräunen beginnen, mit dem Weißwein ablöschen und weitersieden, bis die Zwiebeln erneut zu brutzeln beginnen.
➤ Die Zwiebeln an den Pfannenrand schieben, die Hitze erhöhen und die Leberscheibchen in die Pfanne rühren, rasch rundum braten, bis sie leicht bräunen. Mit Salz und Pfeffer würzen, die Petersilie unterrühren und sofort servieren.

Villa Doluca (Türkei)

€

Ein Rotwein aus Thrakien, dem europäischen Teil der Türkei, von der Kellerei Doluca. Kräftig gluckernd in eine Karaffe umfüllen, damit der Wein Luft bekommt. Gibt es auch als Rosé- und Weißwein.

Region:	Thrakien
Rebsorte:	Gamay u.a.
Serviertemp.:	16°C
Farbe:	mittleres Kirschrot, zart bräunliche Töne
Duft:	helle Kirschen, Himbeeren, Konfitüre, Drops (manchmal zart muffelig nach feuchtem Holz)
Geschmack:	mittelkräftig, an der Zungenspitze herb, etwas weich und säurebetont, im hinteren Gaumen zusammenziehend, pikant nach schwarzem Pfeffer, leicht Minze
Gerichte:	türkische Gerichte wie Gemüse (Auberginen) gebraten, Schmorgerichte mit Tomaten, Lamm mit Minze

Lammfleisch mit grünen Bohnen (Etli taze fasulye)

➤ ***Für 4 Personen:***

2 Zwiebeln • 4 Knoblauchzehen • 400 g fest kochende Kartoffeln • 400 g mageres Lammfleisch (Lende, Keule) • 400 g breite grüne Bohnen • 400 g Fleischtomaten • 6 EL Olivenöl • 500 ml Gemüsebrühe • je 1 TL Koriander-, Piment-, Pfefferkörner, getrocknete Zitronenschale • 2 kleine getrocknete Chilischoten • 1 Lorbeerblatt • 4 EL Tomatenmark • Salz

➤ Zwiebeln und Knoblauch schälen, fein würfeln. Kartoffeln schälen. Lamm und Kartoffeln in 1 cm große Würfel schneiden. Bohnen putzen, waschen, in 5 cm lange Stücke schneiden. Tomaten häuten, in Stücke schneiden. ➤ In einem Schmortopf Öl erhitzen, Zwiebeln und Knoblauch in 5 Min. goldgelb braten. Lamm dazugeben, weitere 7 Min. anbraten. Kartoffeln unterrühren. ➤ Brühe aufgießen, erhitzen. Bohnen dazugeben. 5 Min. kochen lassen. Tomaten dazugeben, weitere 5 Min. kochen. Zerstoßene Gewürze untermischen. ➤ Zugedeckt 40 Min. bei schwacher Hitze schmoren. Tomatenmark unterrühren, mit Salz abschmecken. Heiß servieren.

Vin de Crete (Griechenland)

€	Eigenständiger, strammer Rotwein von der beliebten griechischen Urlaubsinsel. Robuster, ordentlicher und preiswerter Alltagswein.
Region:	Kreta
Rebsorten:	Kotsifali, Mantilaria u.a. regionale Sorten
Serviertemp.:	16°C
Farbe:	leuchtendes Kirsch-Brombeerrot, zart violette Töne
Duft:	schwarze Kirschen, dunkle Beeren (reife Brombeeren), Kräuter (wilder Thymian), Spur Räucherspeck
Geschmack:	mittelkräftig, würzig und kräutrig (deutlich nach Thymian, Wildkräutern), kernige Tannine (wie wenn man Traubenkerne zerbeisst), ein bisschen holzig, aber sonst ein ordentlicher Alltagswein
Gerichte:	griechische Schmorgerichte mit Gemüse, Tomaten; kräftig gewürzte Gerichte der Mittelmeerküche, Stifádo, Lammfleisch

Kalbs-Stifádo (Moskári stifádo)

➤ ***Für 4 Personen:***

750 g Kalbsgulasch • Salz, schwarzer Pfeffer • 1 EL Mehl • 500 g kleine Zwiebeln (Grillzwiebeln oder Schalotten) • 4 Knoblauchzehen • 4 EL Olivenöl • 250 ml Rotwein • 2 Lorbeerblätter • 1 Zimtstange • 3 Nelken • 1/2 TL getrockneter Thymian • 500 g Tomaten • 2 EL gehackte Petersilie

➤ Fleisch mit Küchenpapier trockentupfen, salzen und pfeffern, mit Mehl bestäuben. Zwiebeln schälen, kleine ganz lassen, größere vierteln. Knoblauch schälen und in Scheiben schneiden. ➤ Das Öl auf mittlerer Stufe erhitzen, das Gulasch rundum braun braten. Herausheben. Im verbliebenen Öl erst Zwiebeln, dann den Knoblauch anschmoren. Fleisch wieder dazugeben. Hälfte vom Rotwein angießen, Lorbeer, Zimt, Nelken und Thymian dazugeben. ➤ Zugedeckt bei schwacher Hitze 1 Std. schmoren, nach und nach den restlichen Wein nachgießen. Stielansätze der Tomaten entfernen. Tomaten kurz überbrühen, häuten und in Stücke schneiden, dazugeben und noch 30 Min. schmoren lassen. Stifádo mit Salz und Pfeffer abschmecken, mit Petersilie bestreut servieren.

Vin de Pays d'Oc (Frankreich)

€ Saftige, weiche Rotweine zu erschwinglichen Preisen. Es gibt zwar (noch) einige billige Kochweine darunter, aber bei engagierten Winzern ähneln Qualität schon sehr ihren australischen Vorbildern.

Region: Roussillon
Rebsorten: Grenache, Syrah, Merlot, Cabernet Sauvignon
Serviertemp.: 16°C
Farbe: dunkles Kirschrot
Duft: schwarze Beeren, Brombeeren, Konfitüre, grüne Paprikaschoten, Leder, Teer, Rauch, manche zart »animalisch« (wie Wildschwein)
Geschmack: gute sind rund, herb-fruchtig, schmecken »beerig« nach Holunder- und Heidelbeeren, schwarzem Pfeffer und grünen Paprikaschoten.
Gerichte: Geflügel (Gans, Ente, Tauben) geschmort (auch mit Kirschen oder Obst), dunkles Fleisch (Rind, Lamm, Wild) vom Grill, Schmorgerichte

Rebhühner auf katalanische Art
(Perdreau à la catalane)

➤ ***Für 4 Personen:***

4 küchenfertige Rebhühner à 250 g • Salz, schwarzer Pfeffer • 8 dünne Speckscheiben (Bacon) • 6 Knoblauchzehen • 50 g Butterschmalz • 100 ml kräftiger Rotwein • 250 g Tomatenpüree (Tetrapack) • 1 EL Cassis-Likör • 2 TL abgeriebene Zitronenschale

➤ Die Rebhühner innen und außen waschen, mit Küchenpapier trockentupfen. Leicht salzen und pfeffern, mit den Speckscheiben umwickeln und mit Küchengarn binden. Knoblauchzehen schälen. ➤ Im Schmortopf das Schmalz erhitzen. Die Rebhühner bei mittlerer Hitze in 10 Min. rundum braun anbraten. Den Knoblauch dazupressen, Rotwein und Tomatenpüree dazugeben, mit Salz, Pfeffer, dem Cassis-Likör und Zitronenschale würzen. Zugedeckt bei schwacher Hitze gut 30 Min. schmoren, ab und zu die Rebhühner wenden und eventuell etwas Wasser nachgießen. ➤ Die Rebhühner aus der Sauce heben, Küchengarn und Speckscheiben entfernen, die Rebhühner halbieren und mit der Sauce übergossen servieren.

€ €

Schwer vorherzusehen – in der Flasche kann ein säuerlicher, dünner Tropfen stecken, aber auch ein feiner, eleganter Rotwein, der es durchaus mit einem Brunello di Montalcino aufnehmen kann. Immerhin strengen sich seit einigen Jahren etliche Winzer an, dem Ruf eines »Nobile« wieder gerecht zu werden.

Region: Toskana
Rebsorte: Prugnolo Gentile (Sangiovese), Canaiolo Nero u.a.
Serviertemp.: 16°C
Farbe: dunkles, dichtes Rot
Duft: dunkle Beeren, Kräuter, Veilchen, manchmal wie eine sonnenbeschienene toskanische Landschaft, zart animalisch (nach Pferd)
Geschmack: ein guter schmeckt nach dunklen Beeren, fruchtig mit feiner Säure, weichen Tanninen
Gerichte: dunkles Fleisch (Rind, Lamm, Wild), gegrillt, gebraten oder geschmort und kräftig gewürzt

Rinderlende gegrillt auf Rucola
(Tagliata con rucola)

➤ ***Für 4 Personen:***

4 Scheiben Rinderlende (Roastbeef) à 150 g • 6 EL Olivenöl • 250 g Rucola oder Feldsalat • 4 EL Zitronensaft • Salz, grober schwarzer Pfeffer

➤ Die Rinderlendenscheiben leicht klopfen, mit Küchenpapier gut trockentupfen. Die Fettschicht mit einem scharfen Messer mehrmals einschneiden, damit sich das Fleisch beim Grillen nicht wölbt. Mit 2 EL Olivenöl einreiben und in 20 Min. Zimmertemperatur annehmen lassen. ➤ Die Rucola waschen, gut abtropfen lassen und verlesen. Die Blätter auf Tellern verteilen. ➤ Eine schwere Grillpfanne auf starker Stufe erhitzen. Die Lendenscheiben pro Seite 3–5 Min. grillen (rosig bis durch), die Pfanne vom Herd nehmen und das Fleisch zugedeckt noch 5 Min. nachziehen lassen. ➤ Den Zitronensaft mit etwas Salz und dem übrigen Olivenöl verquirlen. Das Fleisch in Streifen schneiden und auf das Rucolabett legen, mit Salz und grobem Pfeffer würzen, die Zitronensauce darüber träufeln. Gleich servieren.

Zinfandel (Kalifornien)

€ €	Üppige, volle Kultweine aus Kalifornien. Die Rebsorte stammt aus Italien und heißt dort »Primitivo«.
Region:	Kalifornien (v.a. Nordküste)
Rebsorte:	Zinfandel
Serviertemp.:	16°C
Farbe:	volles, tiefes, dunkles Kirschrot, fast undurchsichtig,
Duft:	kräftig, schwarze Kirschen, Johannisbeeren, Brombeeren, Kakao, Schokolade, Pflaumenmus, Tabak
Geschmack:	voll beerenfruchtig nach schwarzen Kirschen, Brombeeren, etwas Holunderbeeren, fleischig mit kräftigen, gut eingepackten weichen Tanninen, würzig nach Kräutern (Rosmarin, Thymian)
Gerichte:	gut gewürzte Gerichte, Crostini, Pasta mit Tomatensauce, dunkles Fleisch und Wild, Schmorgerichte mit Tomaten, gebratene Auberginen

Ratatouille mit Riesengarnelen
(Stirfried vegetables with prawns)

➤ ***Für 4 Personen:***

je 2 kleine Auberginen, Zucchini und rote Paprikaschoten • 6 EL Olivenöl • 4 Knoblauchzehen • je 1 TL schwarze Pfefferkörner, Piment, Koriander • 4 kleine getrocknete rote Chilischoten • Körner von 2 Kardamomkapseln • 1 TL getrockneter Thymian • 2 Dosen Pizza-Tomaten à 400 ml • 2 TL gehackter Ingwer • 100 ml Rotwein • 6 Scheiben Ananas (Dose, ungesüßt) • Salz, gekörnte Gemüsebrühe • 350 g geschälte Riesengarnelen (King Prawns) • 2 Limetten

➤ Gemüse waschen, Auberginen und Zucchini in 2 cm große Würfel schneiden. Paprikaschoten putzen, in Streifen schneiden. ➤ Im Wok oder Schmortopf das Öl erhitzen, Auberginen 7 Min. anbräunen. Zucchini und Paprika dazugeben, 7–10 Min. anbraten. Knoblauch schälen, dazupressen. Gewürze im Mörser zerstoßen, mit Thymian und Tomaten zum Gemüse dazugeben. Ingwer, Wein und die in Stücke geschnittenen Ananasscheiben unterrühren. Mit Salz und Gemüsebrühe würzen, 15 Min. zugedeckt garen. ➤ Die Garnelen abspülen, auf den Eintopf legen, mit geraspelter Limettenschale und ausgepresstem Saft, etwas Salz würzen. Zugedeckt bei schwacher Hitze noch 10 Min. garen.

Zweigelt (Österreich)

€ €	Geradlinige, unkomplizierte bis elegante Weine aus vielen österreichischen Weinbaugebieten.
Region:	Steiermark, Burgenland u.a.
Rebsorte:	Blauer Zweigelt (Kreuzung aus Blaufränkisch und St. Laurent)
Serviertemp.:	14–16°C
Farbe:	tiefes, dunkles Kirschrot mit violettem Schimmer
Duft:	eher verhalten, schwarze Kirschen, manche haben ein Nuss-Marzipan-Aroma
Geschmack:	traubig-fruchtig bis kraftvoll, gute sind voluminös, markig herb mit feiner Süße, schmecken nach voll reifen blauen Trauben
Gerichte:	deftige Brotzeit, dunkles Fleisch (Rind, Lamm, Wild) in kräftigen Saucen, Geflügel (Flugente)

Entenbrüsterl mit Apfel-Zwiebel-Konfit

➤ ***Für 4 Personen:***

2 Äpfel (Boskop oder Cox Orange) • 1 EL Zitronensaft • 2 Zwiebeln • 2 EL Butter • 100 ml Weißwein • je 1 Prise Zucker und Zimtpulver, Salz • 1 Schalotte • 2 Entenbrustfilets (Barbarie-Ente) à 350 g • 1 EL Butterschmalz • schwarzer Pfeffer • 200 ml Rotwein (Zweigelt) • 1 TL frische Thymianblättchen

➤ Äpfel waschen, Kerngehäuse entfernen. Äpfel in schmale Schnitze schneiden, mit Zitronensaft beträufeln. Zwiebel schälen und in feine Spalten schneiden. ➤ Butter erhitzen, Zwiebeln bei mittlerer Hitze in 7 Min. goldgelb dünsten. Weißwein angießen, offen 5 Min. köcheln lassen. Äpfel dazugeben, mit Zucker, Zimt und Salz würzen, einmal aufkochen. Backofen auf 60° vorwärmen. ➤ Schalotte schälen und fein hacken. Entenfilets trockentupfen. Butterschmalz in einer Pfanne erhitzen, Filets bei mittlerer Hitze auf der Hautseite 8 Min., dann auf der Fleischseite noch 5–8 Min. braten. Salzen, pfeffern, zugedeckt im Ofen (Mitte, Umluft 50°) warm halten. Im Brattett die Schalotte hellbraun anrösten, Rotwein angießen und um die Hälfte einkochen lassen. Mit Salz und Thymian würzen. Apfel-Zwiebel-Konfit erwärmen. Entenbrüste in Scheiben schneiden, Sauce durch ein Sieb darüber gießen, Apfel-Zwiebel-Konfit dazu reichen.

Badisch Rotgold = Roséwein aus Baden, eine Mischung aus Grauburgunder- und Spätburgundertrauben (s. Roséwein Spätburgunder Weißherbst)
Barbaresco = kräftiger und teurer Rotwein aus dem Piemont (ähnelt dem Barolo, s. Rotwein Barolo)
Bergerac = Rot-, Weiß- und Roséweine aus dem Südosten Frankreichs (s. Roséwein Bergerac)
Bianco Alcamo = Weißwein aus Sizilien (s. Bianco Sicilia)

Cabernet d'Anjou = halbtrockener Roséwein von der Loire aus Cabernet-Franc-Trauben und etwas Cabernet Sauvignon, weniger zum Essen geeignet
Cairanne = Anbaugebiet der südlichen Côtes du Rhône, die Rotweine ähneln dem Rasteau (s. Rotwein Rasteau)
Chénas = Beaujolais-Cru-Lage (s. Rotwein Beaujolais)
Corvo Duca di Salaparuta = Weißwein aus Sizilien (s. Bianco Sicilia)
Costières de Nîmes = Anbaugebiet im östlichen Languedoc (s. Rotwein Coteaux du Languedoc)

Edelzwicker = einfacher Weißwein aus dem Elsass, aus mehreren Traubensorten gemischt (vor allem Pinot Blanc und Chasselas s.d.)
Entre-Deux-Mers = vor allem trockene Weißweine aus dem Bordeauxgebiet zwischen Dordogne und Garonne (s. Bordeaux Blanc)

Fendant = Chasselas (s. Weißwein Chasselas) aus dem Schweizer Wallis
Fitou = kräftiger Rotwein aus dem Roussillon (s. Rotwein Côtes du Roussillon)
Fitou = zwei Weininseln südlich von Corbières im Languedoc (s. Rotwein Corbières)
Fleurie = Beaujolais-Cru-Lage (s. Rotwein Beaujolais)
Fumé blanc = reine Sauvignon-Blanc-Weine aus Australien (s. Weißwein Sauvignon)

Graves = Bordeaux-Unterzone mit großartigen Rot- und Weißweinen (s. Rotwein Bordeaux, Weißwein Bordeaux Blanc)
Gutedel = badischer Name für Chasselas (s. Weißwein Chasselas)

Hermitage = großartiger, teurer Rotwein aus dem oberen Rhônetal, fast nur aus Syrahtrauben gemacht

Johannisberg = Silvaner aus dem Wallis (Schweiz, s. Weißwein Silvaner)

Klingelberger = badischer Name für den Riesling (s. Weißwein Riesling)

La Clape = Lage im Languedoc (s. Rotwein Coteaux du Languedoc)
Lagrein Kretzer = fruchtiger Roséwein aus Südtirol (s. Rotwein Lagrein)
Lemberger = so heißt der Blaufränkisch (s. Rotwein Blaufränkisch) in Württemberg und in der Pfalz, ergibt dort aber eher weiche, »plüschige« Weine
Lugana = Weißwein vom Gardasee aus Trebbiano-Trauben (s. Weißwein Trebbiano)

Madiran = Rotwein aus Frankreich (Pyrenäen), ähnelt dem Cahors (s. Rotwein Cahors)
Malvoisie de Valais = Ruländer in der Schweiz (s. Weißwein Grauburgunder)
Médoc = beste Bordeaux-Weine (s. Rotwein Bordeaux)
Morgon = Beaujolais-Cru-Lage (s. Rotwein Beaujolais)
Moulin à Vent = Beaujolais-Cru-Lage (s. Rotwein Beaujolais)

Nebbiolo = Rotwein aus dem Piemont, ähnelt dem Barbaresco (s. Rotwein Barbaresco), ist aber noch leichter

Pessac-Léognan = eigene Appellation im Bordeauxgebiet innerhalb Graves mit sehr trockenen, fülligen Weißweinen (s. Weißwein Bordeaux Blanc)
Pic Saint-Loup = Lage im Languedoc (s. Rotwein Coteaux du Languedoc)
Primitivo = Rotweinrebe, die in Italien vor allem in Apulien und Kampanien angebaut wird, ist in Kalifornien als »Zinfandel« sehr erfolgreich (s. Rotwein Zinfandel)

Rivaner = so wird Müller-Thurgau in Baden genannt (s.Weißwein Müller-Thurgau)
Rosé d'Anjou = süße Roséweine von der Loire, trockene heißen »Rosé de Loire«
Rosso di Montalcino = einfachere Version des Brunello (s. Rotwein Brunello di Montalcino)

Szürkebarát = ungarischer Ruländer (s. Weißwein Grauburgunder)

Tokay d'Alsace = so heißt im Elsass der Ruländer (s. Weißwein Grauburgunder)

Rezeptregister

Redaktion: Anne Lenk
Lektorat: Bettina Bartz
Umschlaggestaltung und Layout: Independent Medien-Design, München
Produktion: Helmut Giersberg
Fotos: Kai Mewes
Zeichnungen: Independent Medien-Design, München
Satz und Layoutrealisierung: Buch & Grafik Design, Günther Herdin GmbH, München
Druck und Bindung: Ludwig Auer GmbH
ISBN 3-7742-2210-X

Auflage	5.	4.	3.	2.	1.
Jahr	2004	03	02	01	00